Sophie Reyer — Susanne Wenger

Sophie Reyer, geboren 1984 in Wien, lebt als freie Schriftstellerin, Autorin und Komponistin in Wien. Sie erhielt bereits zahlreiche Auszeichnungen, u.a. den Literaturförderungspreis der Stadt Graz (2007), den KUNO-Essaypreis (2013) und den Literaturpreis der Stadt Graz (2013). Promotion zum Thema »Performanz und Biomacht«, Master of Arts in Komposition/Musiktheater, Diplom in Szenischem Schreiben und in »Drehbuch und Filmregie« an der Kunsthochschule für Medien in Köln. 2014 Uraufführung des Stücks »Anna und der Wulian« an der Badischen Landesbühne. Bei K&N ist 2019 erschienen »Veza Canetti. Eine Biographie«. Informationen zu Sophie Reyers umfangreichem Werk unter: www.sophiereyer.com.

Sophie Reyer

Susanne Wenger

Eine Biographie

Königshausen & Neumann

Bibliografische Information der Deutschen Nationalbibliothek
Die Deutsche Nationalbibliothek verzeichnet diese Publikation in der Deutschen Nationalbibliografie; detaillierte bibliografische Daten sind im Internet über http://dnb.d-nb.de abrufbar.

Gedruckt auf säurefreiem, alterungsbeständigem Papier
Umschlagabbildung: Susanne Wenger, © Susanne Wenger Foundation, mit freundlicher Genehmigung
Umschlag: skh-softics / coverart
Bindung: docupoint GmbH, Magdeburg

Printed in Germany

ISBN 978-3-8260-6849-2

www.koenigshausen-neumann.de

www.libri.de
www.buchhandel.de
www.buchkatalog.de

Widmung

zu Beginn einen Baum
umarmt und schon
kein Trost mehr

es ruckt der Hals
als Kotze aus sich selbst raus
Spuren von Trostlosigkeiten
und Tod

Nippelflut der Göttin
immer noch und in allem Abgrund
wie Fluss fluten alles
wird wieder gut
Kreppfigur und Schattenaus
Papier ist sie
Diese Fanfare
aus den Winden heraus gekrochen
und Knochen
sagt sie im großen Laut immer
o

so schaut
sie zur Sonne
durch die siedenden Finger
und gleichzeitig nach
innen

Streifen lichtlos
wohnen der Verödung nicht
länger klein beigeben bleibt
bei sich

Göttin im Licht
Aduni Olurisa
da angesiedelt wo
Insektenschatten Krieg führen
wellige Landschaft Fluss ist sie
und gleichzeitig trocken wie toter Tintenfisch
schwappt schlingert
zwischen Welten
fördert tote Gesichter zu Tage die
in die Welt starren Krach machen ach sagen
ihr Blick ein Rohr
kracht aufs Hirn treibt
das Auge aus dem Schädel: sich
abreiben

bleiben

denn die Schläfer schlafen
die Schläfen wachen
Äquinoktikum im Herzen hältst
mein Gesicht in Händen

eindeutig haben nur
die Toten den Tod hinter sich sie
aber ist die Bedrohung der Dichtigkeit
weil sie nicht ist
hauchzart als Vogel flattert
flirrt
ist Einsamkeit wie Ei
kollert und klirrt
in alle Liebesversuche geschrieben

jeder Ort ist ihr recht
die Augen wie Teller lotet
sie Welt aus
Adunni

schräger Vogelschatten an der Wand
der Blicke Leinwände ist sie
immer als Ding getarnt
ragender Wald gegen jede Retorte
Riesenschädel sieht sie dich
und eines morgens wachst du auf und bist alt

nicht absichtlich
und die Kindheitserinnerungen Bäuche voller Qual
sich verloren haben
Schlangenskelett und die Rippen
gebogen als Krallen
verdorrt Gebeinknollen und
Wolkenbatzen als Hirn tarnt
sie sich auch als Regen alles
absichtlich du
findest sie nicht
hüllt sich in ihre bleiche Decke nacht
die weiche Decke Moos
o von ungefähr und die Kleider
von ihr abfallen wie Laub
bogenbeflügelt knistern
ihre vorgetäuschten Blätter an den Rändern ehrlich
schwirren heiße Fünkchen
im Wind davon
riecht nach Wasser
aus den Abgründen ihrer Seele reckt
sich
als Gift
als alte flattrige Augen
als Gräbergras
dann Säugling die Augen

gallertartig im Schädel
verfault ihr
Gesicht eine Blume im warmen
Sonnenschein

Aduni Olurisa
ist sie Scharrnetz und Fangarm lastet
als Sonne schwer auf dir
und die Landschaft dahinter
dreht sich, dreht sich
geht in die Grätsche in
die Knie

wohin schmiegen sich Steine
oder wenn Wasser wirbelnd Messer ist
nearby immer die Göttin
und die vollen Zitzen
Ritze Nabel im Bauch
glyzerinartiger Wasserklumpen spielt sie
Tagestanz
ist Strom der am Ufer schlürft
und seine Schalentiere wieder in sich
zurück schluckt
tropft ihr Regen von den Nippeln und an der Existenz nippen
wenn stellare Flüsse rauschen spielt sie
Meteorit und Landschaft
aufgespießter Schatten und
Dichtigkeit der Welt
rieseln Kieselsteine
ist sie als Schiefertafel ins Dunkel
gefügt
kleines und geringes mündet sie
in ein Schicksal
tappt als Gestalt und Qualm durch die Welt ein Geist
und Baumstümpfe die verkrümmten Beine
und Keim
fürs Heimgehen eingebaut

erstarrt jede Stadt angesichts ihrer Kraft
zur blauen Leere
kalt sind die blutdurchwobenen Augäpfel sehen alles

Knoten und
verhutzelt an schweren Lidern
Losigkeit
Göttin
schwarze knittrige Haut ihres Halses
ist sie auch die Alte
ist Rot blutend
und weiß wie ein eben aufgesprungenes Kind Blüte
noch in der Güte gehalten
wahlweise kannst sie
als Rinde von Mond haben
in den Horizont gefügt
nacktes Fossil in Laub
und des Wassers Gurgellaut
keine Angst du
siehst sie wieder
an deinem Todes
Tag

Adunna
Nacht
Tag

Inhalt

Vorwort

Es war während meiner Studienzeit in Graz, als mir in der Auslage des Stadtmuseums ein Foto ins Auge stach: Eine Frau in schwarzweiß, Bubi-Kopf, die Augen aufgerissen, riesig und starr in die Weite gerichtet. Susanne Wenger. Neben dem Gesicht, dessen Ausdruck zwischen Wahnsinn und Erleuchtung zu schwanken schien, war ein in verspielten Lettern aufgeschriebener Text zu sehen, dessen Buchstaben an Blumen, Blüten und Wolken erinnerten. Nie hatte ich so eine Form von Verschriftlichung poetischer Sprache gesehen. Schon bald also begann ich, mich schlau zu machen, die österreichisch-schweizerische Künstlerin Susanne Wenger und ihre Arbeit in Oshogbo kennen zu lernen. Ich war vorher noch nicht mit afrikanischen Mythen in Verbindung gekommen, hatte mich in meiner Arbeit kaum mit archaischen Kulturen und der Megalithkultur auseinandergesetzt; auch die Techniken der Indianerschamanen waren mir zu diesem Zeitpunkt noch fremd. Eines aber stand unweigerlich fest: diese Frau, dieses Gesicht, die wahnhaft starrenden Augen, hatten mich beeindruckt. Wenig später erklärte mir meine liebe Bekannte Maggie Jansenberger, die zu dem Zeitpunkt Frauenbeauftragte der Stadt Graz war, sie habe einen Weg im Stadtpark mit dem Namen „Susanne Wenger Weg“ betiteln wollen – woraufhin ihr männliche Kollegen bloß entgegnet hätten: „Lassen Sie uns in Frieden mit der Hexe!“

Diese Aussage bestätigte mich mehr und mehr darin, mich mit Susanne Wengers Leben und Arbeit auseinanderzusetzen. Ambivalente Gefühle, die mich im Angesicht der vorerst radikal fremden, monumentalen, wild naturhaften Skulpturen befielen und erschütterten, schwappten immer wieder über in Erstaunen, ja, in eine Faszination, die beim Betrachten fesselte. Es schien, als gelänge dieser Frau das Oszillieren zwischen Tradition und Moderne, als baute sie eine Brücke zwischen Archaischem und Abstraktem, ja, ästhetisch und geistig verschmolzen kamen mir Vergangenheit, Gegenwart und Zukunft in diesem ihrem Gesamtkunstwerk vor, das sämtliche Materialien von Bäumen über Steinen bis hin zum klassischen Bleistift auf Papier mit einschloss. Ich begann, mich mit Susanne Wengers Lebensgeschichte zu befassen und erfuhr, sie habe sich, indem sie sich als vorurteilslos Lernende in den religiösen Kosmos des Volkes der Yoruba einfügte – so wie sie sich schon im Kindesalter die Natur als eigene Universität erkor – durch ihre Demut einen ganz eigenen Platz in deren Geschichte erarbeitet. Stets begegnete sie der Lebenswelt der Yoruba mit Ehrfurcht und Würde – und so wurde ihr die Ehre zuteil, zu einer Erbin dieser alten Hochkultur erwählt zu werden. Susanne Wengers Schaffen und Streben war ein lebenslanger Akt zwischenmenschlicher und in Folge dessen auch inter-kreatürlicher Solidarität. Weiters gelang es ihr, die spirituelle und profane Kraft des Yorubavolkes ohne Mühe mit ihren europäischen Wurzeln zu verknüpfen, und zwar in einer Zeit, in der Afrika sich großen Problemen zu stellen hatte. Trotz aller Widerstände ließ sich Susanne Wenger nicht davon abhalten, den Schrein des Sonponna ihres Kultkreises „Idi Baba", der von der westlichen Gesinnung verunsicherten Priester nach und nach zerstört zu werden schien, zu erhalten und ihn allem zum Trotz zu restaurieren und weiter zu bauen. Sie bewohnte nicht nur ein Haus im sogenannten „brasilianischen" Stil in Oshogbo, das das letzte und schönste Werk eines bekannten Yoruba-Baumeisters war, sie adoptierte und beherbergte außerdem 15 Kinder dieses Volkes und gab ihnen in ihrem Haus in der Ibokun Road und unter den holzschnittartigen Riesenwesen und Architekturen im heiligen Hain Unterkunft. Oshogbo, eine Stadt mit dreihunderttausend Einwohnern, im Zentrum der Yoruba-Region, heute die Hauptstadt des Oshun State, wurde also Susanne Wengers Zuhause. Dort schuf sie in einem der letzten Reservate uralten Regenwaldes, an den Ufern des Oshun-Flusses, eine Symbiose aus Architektur, Plastik, Malerei, Spiritualität, Natur und Kunst. Dieser „Heilige Hain" beherbergte Susanne Wenger bis zu ihrem Tod, wobei sie ihr Priestertum der Flussgöttin Oshun, der „Göttin" der Schönheit, der Weiblichkeit, materiellen Reichtums und der Fruchtbarkeit weihte. Oshun lautet indes auch der Name des kraftvollen Flusses, der beinahe durch das ganze Yoruba-Gebiet strömt, in Oshogbo jedoch als besonderes Heiligtum der besagten Göttin geweiht ist. Nahe des rauschenden Flusses begann Susanne Wenger, ihre Kräfte zu entfalten. Ein wichtiger Nährboden in Susanne Wengers Biographie war wohl außerdem die Begegnung und Freundschaft mit einem der großen wichtigen Oshunpriester: Layi Olosun. Dieser löste starke Veränderungen in Susanne Wengers Leben aus, denn sie übernahm fast alle seine Kinder, um mit ihnen zu leben und in den heiligen Hainen eine neue, naturverbundene Welt aufzubauen.[1]

1 Vgl. Kunsthalle Krems (Hg.), Susanne Wenger. Eine biographische Collage von Wolfgang Denk unter Einbeziehung von Texten, Stand vom 19. April 2019.

1. Über Bäume und Wurzeln

Eine Kindheit zwischen Bäumen und Kreativität. Graz 1915: Eine gemütliche Stadt, die nach Meer riecht, aufgrund ihrer Kessellage zwar durch Feinstaub beeinträchtigt – doch auch isoliert und umgeben von gebirgiger Landschaft. Die Welt, in die Susanne Wenger hinein geboren wird, ist die eines Nestes. Kein Wunder, dass die Form des „Kessels" sie auch in ihren späteren Töpferarbeiten beschäftigen wird! Vorerst scheint es das Leben jedenfalls gut mit ihr zu meinen; Susanne Wenger ist ein von den Eltern erwartetes und erwünschtes Kind. Die Jahre um den Ersten Weltkrieg bringen zur Zeit ihrer Geburt auch noch den Aufschwung der Industrie und der bürgerlichen Kultur mit sich. Die über das ganze Land verstreute Schwerindustrie, wie in etwa im Rahmen von Bergbau, Eisen- und Stahlwerken, wird nun in großen Unternehmen konzentriert. Die Gesellschaft beginnt sich zu wandeln, da Teile der bäuerlichen Bevölkerung in die Industrieorte wandern und Arbeiter werden. In den Städten entstehen neue Stadtviertel, in Susannes Heimatstadt Graz wird neben vielen anderen neuen Gebäuden auch das Opernhaus erbaut. Das Kulturleben blüht in zahllosen Vereinen, und sogar das allgemeine und gleiche Wahlrecht auch für Frauen wurde nach dem Ersten Weltkrieg und dem Zusammenbruch des Habsburgerreiches 1918 eingeführt und bei den Wahlen von 1919 erstmals ausgeübt. Es scheint also, als würde die kleine Susanne Wenger sich in einer florierenden Welt entwickeln können. Auch was die Rechtslage in Österreich betrifft, so wird diese in der Zeit immer menschenfreundlicher:

1867 bestätigt der Kaiser das „Staatsgrundgesetz über die allgemeinen Rechte der Staatsbürger", das unter anderem das Staatsbürgerrecht, die Gleichheit aller Staatsangehörigen vor dem Gesetz, freies Eigentum, Religionsfreiheit, Meinungsfreiheit und die Freiheit der Person sicherstellt.

Die Sterne scheinen günstig zu stehen, oder? Gleichzeitig setzt in der Steiermark, in der Susanne Wenger aufwächst, aber auch ein Nationalitätenkonflikt zwischen „deutscher" und „slowenischer" Bevölkerung ein, der schließlich zum Zerfall der Habsburger-Monarchie führt.

Dieser Konflikt spitzt sich während des Ersten Weltkrieges – Susanne Wenger ist gerade einmal drei Jahre alt – unlösbar zu. Wirtschaftliche Not, Hunger und scheinbar unüberwindliche Gegensätze zwischen den politischen Lagern sind nach dem für Österreich verlorenen Weltkrieg ein schlechter Ausgangspunkt für den Neubeginn als Bundesland Steiermark in der Republik Österreich. Ende 1918 wird der kaiserliche Statthalter in Graz abgesetzt. Die Welt befindet sich also im Aufbruch. Die damaligen drei großen politischen Parteien, die Christlich-Sozialen, die Sozialdemokraten sowie die Deutschnationale, bilden eine provisorische Landesversammlung, die 1919 vom ersten demokratisch gewählten Landtag abgelöst wird.

Im Friedensvertrag von Saint-Germain bei Paris 1919 schließlich muss die Republik Österreich die Untersteiermark an das Königreich der Serben, Kroaten und Slowenen abtreten. Das junge Bundesland Steiermark verliert damit ein Drittel seiner Fläche und seiner Bewohner und mit Marburg, Cilli und Pettau drei wichtige Städte.[2]

Susanne Wenger jedoch hat es in diesen stürmischen Zeiten der Veränderung relativ gut. 1915 als Tochter eines Gymnasiallehrers für Moderne Sprachen in Graz geboren, genießt sie eine liebevolle Kindheit in Verbindung mit Kunst und Kultur und übersteht die Wirren des ersten Weltkrieges ohne Schaden. An einem 4. Juli kommt sie zur Welt, und sie scheint ein Sonnenkind zu sein: Susanne Wenger besucht mit Lust und Freude die Volksschule, kämpft im Haus ihrer Eltern in einem winzigen Raum neben der Küche mit religiösen Problemen und findet ihre besten Freunde in den Wesen der Bäume. „Für mich, wenn man sich eine Hierarchie des Lebens vorstellt, die dem, was in westlichen Kulturen als Gott bezeichnet wird, gipfelt, ist die nächste Stufe, also sagen wir, der höchste Adel in der Entourage Gottes, der Baum",

2 Vgl. https://www.verwaltung.steiermark.at/cms/dokumente/11682614_75773739/6aa9e627/STAATSBÜRGERSCHAFT_Skriptum_Geschichte_Steiermark_2015_06_17.pdf, Stand vom 19. April 2019.

wird sie später auch in einem ihrer zahlreichen Interviews sagen. Wen wundert es da, dass auch eines ihrer berühmten Werke „Tief in dir bist Du oh Mensch der Gott als Baum, als Stein, als Tier" heißen wird? Ja, auch in diesem Titel spielt Freund Baum eine mehr als tragende Rolle. Mitten im Ersten Weltkrieg, am 4. Juli 1915, wird also Susanne Wenger als Tochter eines Schweizer Gymnasialprofessors und einer polnisch-österreichischen Offizierstochter in Graz geboren, wo sie nach eigenen Angaben „unter einer Äonen Weltraumatemzüge alten Lindenbäumin" ihre frühesten Kindheitserinnerungen einatmet. Früh bereits entstehen in der kleinen Susi, von ihrer Mutter angeregt, religiöse Phantasiebilder. In der evangelischen Volksschule, so berichtet Wenger später, wird ihr ein Bild von Jesus vermittelt, das mit dem imaginierten „Geistesbruder" ihrer kindlichen Vorstellungswelt nichts zu tun hat. Enttäuscht sucht sie also erste Freundschaften mit den Bäumen im Grazer Stadtpark. Doch zurück zum Anfang:

„Sie wurde in einer damals noch ländlich-vorstädtischen Gartenstadt geboren, in einer Villa mit einem Garten, in der eine Gruppe von acht Eichen stand", schreibt Susanne Wenger in ihrem viele Jahrzehnte später verfassten Text „Susanne Wenger über Susanne Wenger", in dem sich durch einen paradox distanzierten Blick wiederum tiefe Nähe zu sich selbst herstellt. Die Fichten werden erinnert, das Schimmern der roten Morgensonne, auch die Eichhörnchen spielen eine tragende Rolle. Da ist von Nadelbäumen die Rede, durch die sich diese flinken Tiere bewegen, von ihrem raschelnden Lauf, der zwischen Spitze und Spitze des Baumes stattfindet. Die Fichten und die Linde im Garten ihrer Kindheit beschreibt Wenger als ihre eigene „sargähnliche" Wiege und vergleicht die Zweige, die sich damals vor ihr aufspreizen, als eine Art Baldachin. So beginnt Wengers Beziehung zu den Laubbäumen bereits sehr früh: „Die übrige Welt konnte sie kaum wahrnehmen, aber über ihr entfalteten sich die vielfach verwobenen Diagramme der Äste des alten Baumes in wechselndem Gegenlicht." Und schon meint dieses Bild alles vorweg zu nehmen: Die Struktur der Batiken, die später entstehen werden, die Multi-Dimensionalität der Skulpturen im heiligen Hain, aber auch die geäderte Motivik ihrer Bleistiftzeichnungen und Schriften – sowie natürlich das mosaikartige Schillern ihrer Ölgemälde. Alles hat – und wie könnte es anders sein? – in den Bäumen seine Wurzel. Hier sind Vergangenheit und Zukunft miteinander verflochten, genauso wie

Intellekt und beinahe tierisch anmutende Einfachheit Susanne Wengers Werk später zusammenhängen werden wie verfilzte Haare.

Was die Eltern betrifft, so schreibt Susanne Wenger: „Die Eltern waren feine Menschen, beide begabt mit Talenten und angeborener Weisheit, beide aber durch ein Gefühl des Zu-kurz-kommens beirrt von Frustrationen, Enttäuschungen."

Dass Vater und Mutter talentiert gewesen seien, heißt es hier – und es wundert uns nicht. Woher sonst sollte Susanne Wengers Begabung stammen? Weiter schreibt Wenger, dass ihr fröhliches Dasein so überschattet gewesen sei von tiefem Mitleid mit den Eltern. Die Eltern würden einander lieben, seien aber geprägt von Selbstvorwürfen, heißt es. Die kleine Susanne Wenger indes versucht, zwischen dem Vater-Mutter-Tier Verbindungen herzustellen – das, was sie in Hinkunft auch in ihrer Kunst und in ihrem Leben tun würde: Eine Brücke schaffen. Sind es jetzt die Eltern, zwischen denen Wenger Kontakt herstellt, so werden es später Bereiche wie die afrikanische und die westliche Kultur, die Kunst und die Religion, das Innerhalb und das Außerhalb sein. Hier also bereits kristallisiert sich Susanne Wengers Lebensaufgabe heraus: das Vernetzen. Unermüdlich versucht Wenger, Frieden herzustellen, und das immer wieder. Diese Eindrücke formen ihren Charakter. Mitleid bestimmt fortan ihr Dasein. Und da dieses Gefühl eine Basis für religiöses Empfinden darstellt, so ist auch der Glaube an eine höhere Instanz von Beginn an Teil Susanne Wengers Lebens. Aber es ist nicht der klassische Schulunterricht in Religion, auf den die kleine Susanne „anspringt": Wegen der Geringschätzung Jesu lehnt sie die Kirche und das, was man ihr in den Institutionen über sie einbläut, eher ab. „Wegen der ihr zu gering erscheinenden Wertschätzung Jesu", heißt es da auch wortwörtlich in ihrer Biographie. Sie sieht Jesus eher als einen Bruder als als einen Gott. Erst viele Jahre später wird Susanne Wenger ihre dynamische und eucharistische Urkraft entwickeln – und zwar in einem schmerzhaften und langwierigen Prozess der Transmutation, ihr Menschsein sowie ihr Künstlersein betreffend. In einem Interview mit Ulli Beier äußert sich Wenger viele Jahrzehnte später demnach auch folgender Maßen über das Christentum:

„Bei mir war das so: Ich hatte mir schon als ganz kleines Kind bewusst und schlau meine „solitude" erzwungen. Ich hatte mir dieses winzige Dienstbotenzimmer ausgebeten, das auf der anderen Seite des

Hauses lag. Die kleinere Wand bestand fast nur aus einem schmalen Fenster und davor standen drei große Fichten, die, wie ich behaupte, meine einzigen Lehrer waren – zumindest die einzigen, denen ich geglaubt habe. Ich weiß nicht, ob das Alleinsein einfach in meiner Natur liegt, oder ob ich die Einsamkeit gebraucht habe, um diese Probleme wälzen zu können ... aber ein kleines Kind, das sich nächtelang fragt, ob es Gott gibt oder nicht, das ist eigentlich grotesk. Man kann das nur verstehen, wenn man sich erlaubt, an Wiedergeburt und Kontinuität zu glauben; dann war das eben eine unerledigte Sache aus einer früheren Existenz. In welcher Form das gewesen sein mag ist schwer zu sagen, weil es vielleicht nicht nur eine Existenz war, aus der diese Probleme gewachsen sind. Wenn ich ein naturgegebenes Talent hatte, die Yoruba-Kultur zu begreifen und mich auch in sie zu integrieren – unter großen Gefahren – dann ist das nur durch dieses vorgeburtlich geistige Erbgut zu erklären. Diese ewige Frage, dieses sich-quälen um die Form Gottes – das klingt so europäisch, ist es vielleicht aber nicht. Es ist wahrscheinlich das Kernproblem des Menschen an sich: er wird mit seiner eigenen Heiligkeit nicht fertig, weil er ja auch ein Schweinehund ist. Unser Problem fängt damit an, dass das Christentum und andere Religionen die Moral – deren Wert ich ja nicht abspreche – zum Hauptprinzip des religiösen Lebens machen. Man betet Christus an, weil er ohne Sünde ist, und weil er ohne Sünde geboren wurde.

Das, was das Heiligste in anderen Religionen ist – das Kernwunder des Lebens überhaupt – wird da plötzlich eine Sünde. Und da fängt es an! Die Fragwürdigkeit der europäischen Kultur fängt ja nicht mit der Teilung des Atoms an, sondern mit der Zersplitterung des Sakralen. Kein Wunder, dass die Welt nicht mehr kann... dass sie sich vielleicht nur unter großen Schwierigkeiten noch einmal hochrappeln kann. Mein Kindergebet „Lieber Gott, sei mir nicht böse, dass ich nicht an dich glaube“ ist natürlich auch ein Stichwort, das den Menschen in Trab bringt, damit er die Wahrheit suchen geht. Dieser Widersinn ... dass du dich an die Gottheit wendest und gleichzeitig ein Geständnis ablegst, „Für mich gibt es dich nicht.“ Dieses Krankhafte bereitet den Menschen natürlich schon darauf vor, die Wahrheit woanders zu suchen. Diese Dinge sind natürlich nicht rational geplant – aber es geschieht einfach. Was mich früher schon immer sehr intensiv beschäftigt hat, ist ja nicht spezifisch europäisch, sondern „interhumanitär.“ Andererseits:

Wenn man die Schriftsteller aus der Generation unserer Väter liest, was die für Dinge gewusst haben! Obwohl sie einem die Wahrheit so „verpacken", dass man sich wundert, wie ein Netz von so sentimentalen Geschichten einen so starken Gedanken tragen kann.

Da denk ich besonders an Jakob Wassermann: er beschäftigte sich im dritten Band seiner Trilogie sehr viel mit dem Tod. Da ist dieser Arzt, der geht in ein Land im fernen Osten – ich weiß nicht mehr genau, welches das war – um vor seinen ganz persönlichen Problemen zu fliehen. Der sagt da übrigens Dinge über den europäischen Kolonialismus, die sind so klipp und klar, dass man sich wundert, dass der Kolonialismus so lange Bestand hatte, wenn einer, der doch ein typischer europäischer Denker war, das alles schon so deutlich gesehen hat! Jedenfalls sagt dieser Arzt auch erstaunliche Dinge über Krankheit und Tod; nämlich, dass der Mensch mit seinem Tod von Anfang lebt und dass Krankheit und Wahnsinn nur unreifer Tod sind! Was brauchst du mehr, um Sonponna zu verstehen, als dass du diesen Satz liest. Als dass du begreifst, wie unglaublich primär diese Erkenntnis ist.

Es war für mich also nicht sehr schwer, gewisse Yoruba-Ideen zu begreifen – sie waren mir nicht fremd. Ich erzähl' das nur, um zu erklären, dass sich meine geistige Einstellung überhaupt nicht zu verändern brauchte", so Wenger in einem langen Interview.

„Das schöpferische Leiden durch verhinderte Heiligkeit" jedenfalls prägt von Anfang an Susannes Leiden. Denn die Eltern sind ihr heilig, und deren Kampf bedeutet Schmerz für die kleinen Susanne Wenger. Doch zum Glück existieren ja die Spielräume um das Mädchen rundherum; es gibt Bäume und Tiere, und Susanne Wenger nimmt alles auf, sie lernt von der Natur. Diese bringt ihr, gütig wie sie ist, bei, „was Himmel wirklich bedeutet."

Ihre seelische Vorstadt fügt sich, wie Susanne Wenger meint, „übergangslos in die eigene Stadt Graz." Hier also schon überlappen bereits innerer Raum und äußere Welt – eine Brücke zwischen den Dingen wird hergestellt. Der riesige Felsen, der die Stadt prägt, wird als mystische Kore bezeichnet – die kleine Wenger befindet sich hier also quasi in einem Nest der Geborgenheit, in dem sie trotz des Mitleids mit den Eltern und dem Rest der Welt in gewisser Art und Weise geborgen und aufgehoben ist.

Der soziale Aspekt der Schule sei ihr, so die spätere Malerin, wichtig gewesen. Viel wichtiger als die Inhalte, die man Wenger dort einzuimpfen versucht. In Kontakt mit den Schulkollegen gelingt es, dasselbe zu tun wie in der Natur: In Kommunikation sein. So schreibt Wenger, ihr würden fortan „die Klassenzimmer die Felsen und Bäume" ersetzen. Es geht also stets um Symbiose, um das Gefühl eines „Miteinanders". Was den Unterrichtsstoff betrifft, so ist Wenger zunächst unendlich neugierig, doch bald schon überwiegen Ablehnung und Enttäuschung.

Der Lehrplan scheint ihr gleichsam die Kehle zuzuschnüren, die fragwürdige Routine und das Einbläuen von sogenanntem Wissen werden schon bald zur Last. Wenger ist zu intelligent; sie durchschaut die Fragwürdigkeit der Lehrinhalte und bleibt fortan eine Suchende. „Fragwürdige Routineinformationen" nennt Susanne das, was da in den Klassenzimmern an sie herangetragen wird – und sie behält einen skeptischen Blick, was das Schulsystem betrifft.

So verstreichen die Jahre, geprägt von Natur und dem mythischen Blick auf sie. Ja, tatsächlich: Schon als Kind will die kleine Susanne Malerin werden, aber da es in Graz damals keine Kunstschule gibt, schicken die Eltern sie auf die Kunstgewerbeschule. Dort belegt Susanne Wenger das Fach Keramik; eigentlich nur, weil ihr der Lehrer sympathischer ist als die anderen Dozenten. Rückblickend aber sagt sie: „Was zunächst wie Zufall aussieht, führt dich doch in die eigene Richtung. Es führt ein gerader Weg von den ganz frühen Arbeiten zu dem, was ich heute mache. Denn meine Lehmschreine sind wirklich eine Art von Keramik."

Susanne findet also Aufnahme in die Grazer Kunstgewerbeschule und beginnt nun, mit Tonerde zu arbeiten. Das würde sie bis zum Ende ihres Lebens tun und auch später in ihr Gesamtkunstwerk „Sacred Groves", die Skulpturen der heiligen Haine, einbauen, die sie für sich als „Töpfe, die Heiligkeit in sich tragen" definiert. Dazwischen ist und bleibt die Natur die große Kraftquelle für Susanne und ihr Dasein. Oft verschwindet sie unangemeldet für Tage und Wochen, streunt in den Bergen und im Wald umher, sei es Sommer, sei es Winter. Den Frühling und den Herbst verbringt Susanne meist in Almhütten. Sie selbst gibt in ihren Schriften zu, Einsamkeit zu suchen – die menschlichen Kontakte scheinen anstrengend zu sein, und Susanne wendet sich den kreatürlichen Artgenossen zu. Transkreatürliche Begegnungen ersetzen die der menschlichen; Gesellschaft wird oft als beengend und unbefriedigend empfunden. Zu ihrem sporadischen Besuch in der Grafischen Lehr- und Versuchsanstalt in Wien bemerkt Wenger in einem Interview dementsprechend auch, die „creature-frequencies and rhythms" zu fühlen, die ihr in der Nähe des Oshun-Flusses in späten Jahren noch Freude bereiten werden. „Oft ein Monat oder mehr war ich allein in den Bergen, nur mit einem kleinen, umgeschnallten Skizzenblock" lässt Wenger in „Wenger über Wenger" lesen. Sich in die Einsamkeit der Natur zurückzuziehen war für sie eine unverzichtbare Energiequelle von Kindheit an. Susanne schreibt, dass sie – egal, wie karg die Landschaft sich auch gestaltet – auf diese Art und Weise die Individualität der Pflanzen, Bäume, Tiere und Felsen kennenlernt. Wenger beginnt also in dieser Zeit, sich mit der Sprache der Natur, der Pflanzen, Blumen und Blüten vertraut zu machen. Später beschreibt sie diesen Dialog mit der Natur als ein Gespräch mit der Stille: „Die Stille (...) spricht mit großer Deutlichkeit. Die Stille als Ausdrucksform von Natur-Intimität ist ein unersetzlicher Inhalt des Lebens Susanne Wengers." So unterhält sich Susanne Wenger mit Flora und Fauna in einer Art der Kommunikation, die die Grenzen der Wesen überschreitet. Doch ihre „Sprache" wird sie später nicht erklären können, denn sie hat eine Struktur, die, wie sie schreibt, in menschlichen Bewusstseinsmustern nicht zu benennen seien. Oft haust Susanne Wenger auf den höchsten Höhen in Höhlen, deren Beschaffenheiten sie an eine tierhafte Geborgenheit erinnern – ähnlich wie das sich in einer Kessellage befindliche Graz. Nester und Erdhöhlen liebt Wenger ja von jeher. Als einzige Freunde dienen ihr hier Rucksack und Petroleumlampe, wobei sich im Winter noch Skier dazu gesellen. Damit bewegt sie sich mutig überall: auch in ungespurtem Gelände. Susanne Wenger gibt sich dann ganz dem Moment hin: Jeder Augenblick fordert von ihr eine neue und eigentümliche Art des Umgangs, Susanne Wenger muss sich also von ihrem Unbewussten leiten lassen, wenn sie den Weg finden will. Und sie horcht auf ihre Intuition. Allein ihr Bauchgefühl ist es, das sie auf diesen Wanderungen führt: Keine Unfälle, sie verläuft sich auch nicht. Susanne Wenger findet ihre Wege, ohne das Menschliche zu vermissen. Ihre Gefährten sind indes die Adler am Himmel, und so lernt sie, wie sie schreibt: „die Regeln des rituellen Spiels." Die Art und Weise, wie sie sich in die Natur einfügt, bezeichnet Susanne Wenger als folgenden Prozess: als „Einbezogenheit." Genau so bewegt sie sich in den Alpen wie auch in den Stadtwildnissen Wiens, aber auch später in Paris und in Afrika. „Leben lebt sich selbst!", sagt Susanne Wenger über den Dialog, den sie da auf diese Art und Weise mit ihrer Umgebung führt. Sie nennt diese Kraft, die sie auf übersinnliche Weise zu führen scheint, eine natürliche Kraft der „Heiligkeit". So ist Susanne „Schwimmerin" in den Zeiträumen und Umgebungen, die ihr geschenkt werden, bewegt sich in entfesselten Fluten voran. „Religiöse Unabhängigkeit", heiß es in der autobiographischen Notiz, „ist Einsamkeit." In diesen Momenten gehört Susanne Wenger allen Religionen der Welt an, sie huldigt den Quellen des Lebens, die der Ursprung ihrer Religiosität und ihrer Frömmigkeit sind. Als Hauptregel ihres Lebens beschreibt Susanne – nicht ohne darauf hinzuweisen, dass dies für alle Lebewesen gelte – das Prinzip der Freiheit. Freiheit sei die Geburtshilfe einer jeden Existenz.[3]

So wandelt also eine immer unergründlich lächelnde Susi unter den Menschen, und die anderen Erwachsenen begreifen nicht, welchen Abgründen sie sich indes stellt, dass sie „innere Sturzbäche mystisch-existenzieller Überlebenskämpfe" mit der Natur austrägt, und das Tag für Tag. Wie ein Floß, so beschreibt sie es später, treibt Susanne durch die Tage. Doch sie hat Glück: Ihre Haltung, ihre Religiosität werden in ausgeglichene Bahnen gehoben, es gelingt ihr, ein stabiles Leben zu führen und sich zu entwickeln, ohne Schaden davon zu tragen. So wird Susanne laut Susanne Wenger bereits jung zu einem „Behälter der Heiligkeit", zu einer Art „container of sacredness", wie sie selbst schreibt, und es ist die Heiligkeit des Lebens, die sie da „contained". Die Künstlerin trägt bereits früh das Sein als ihren unbändigen Dynamismus mit sich mit – und ihre Form, es auszudrücken, heißt ab jetzt und fortan: „Kunst als Ritual".[4]

3 Vgl. Kunsthalle Krems (Hg.), Susanne Wenger. Eine biographische Collage von Wolfgang Denk unter Einbeziehung von Texten, Stand vom 19. April 2019.

4 Vgl. https://susannewengerfoundation.at, Stand vom 19. April 2019.

2. Wien und Entartungen

Von Graz zieht Susanne Wenger also nach Wien, wo sie zunächst an der Graphischen Lehr- und Versuchsanstalt studiert. Doch die Welt hier zäunt sie schon bald ein; zu engstirnig und zu kleinkariert erscheint ihr alles in dieser Ausbildung. Susanne sucht das „wahre Leben", will sich dem regen Treiben in den Cafés am Naschmarkt hingeben, wo sie nächtelang mit Gemüsehändlern, Tramps und Künstlern diskutiert. Schließlich lernt sie Professor Andre kennen, der sie in die Meisterschule der Kunstakademie in Wien aufnimmt und nicht zögert, ihr ein eigenes Studio zur Verfügung zu stellen. Dort studiert Wenger zwei Jahre – von 1933 bis 1935 – bei ihm die Kunst der Freskomalerei. In der Grazer Kunstgewerbeschule hatte sie Zeit unter der energischen Anleitung von Prof. Hans Adametz erste künstlerische Techniken zu erproben. Es entstanden Tuschzeichnungen auf großen Papierbögen, aber auch zahlreiche Keramiken und Skulpturen aus Tonerde. In Maria Bilger, Ferdinand Bilger und Goldy Matthey findet Wenger in der Kunstgewerbeschule Leute mit ähnlichen Interessen und Weltanschauungen und ist bereit, deren radikalen politischen Weg in den Widerstand gegen den aufkeimenden Nationalsozialismus mitzugehen. Aus der Kunstakademie am Wiener Schillerplatz, von der sich Susanne Wenger nicht besonders angesprochen fühlte, flüchtet sie immer wieder für Wochen in die steirischen Berge. Ihren Freunden und im Elternhause erscheint sie in ihrer Jugendzeit als die „liebe, lustige Susi". Sie selbst sucht aber stets nur die Gegenwart von Stille und Natur, All-Einsamkeit oder „Alleinsamkeit", wie sie den Zustand in ihren später verfassten osmotischen Büchern beschreibt. Susanne Wenger konfrontiert sich mit religiösen Problemen und in ihren Bemühungen, sich aus den gegebenen Lebensumständen zurückzuziehen und fühlt sich immer stärker zu Bäumen hingezogen, die für sie ein Sinnbild des Göttlichen darstellten. Kleine

Bleistiftzeichnungen steirischer Landschaften von damals, Zeichnungen von Bäumen und Stadtansichten weisen rhythmisch wellenförmige Formen auf und manche dicht bemalten Strukturen in ihren frühen Bildern erscheinen wie ein Vorgriff auf späteres Informelles, auf abstrakte Elemente.

Susanne Wenger studiert also an der Wiener Kunstakademie bei Ferdinand Andri und dann noch ein Jahr in der Klasse von Herbert Boeckl. Bis zur Besetzung Österreichs durch die Hitler-Armee hält sie sich noch häufig in Graz auf. Viele Jugend- und Familienfreundschaften gehen allerdings in die Brüche, als Susanne Wenger lauthals ihre Ablehnung Hitler gegenüber verkündet. Und schon bald beginnt der Krieg, wobei sich die Lage nach und nach zuspitzt. Denn Susanne Wenger, die eine besondere Frau ist, wird bereits als Gefahr wahrgenommen. Während des Krieges wird ihr demnach von den Nazis Malverbot auferlegt; ihre Töpfe, Skulpturen und Bilder fallen unter den Begriff der „Entarteten Kunst". Harte Zeiten brechen für Susanne Wenger an: Weder Farbe noch Leinwand kann sie nun von ihrem Geld kaufen. Damals konzentriert sich die junge Künstlerin auf kleine Farbstiftzeichnungen, denn dies scheint gerade noch finanziell leistbar zu sein. Bald schon wird Wien bombardiert.

Vom 12. April 1944 bis 28. März 1945 werden über den Rundfunk 115 Alarme gegeben und es folgen über 50 größere Angriffe. Luftschutzübungen und Dachbodenräumungen werden bereits vor dem Krieg angeordnet; mit dem Bau eines Flak-Rings auf den Höhen rund um Wien und der Anlage von Löschteichen auf Plätzen und in Parks wird begonnen. Es folgt eine Aushebung von Luftschutz- und Splittergräben. Der Bau von Fluchtgängen innerhalb von Häuserblocks und die Markierung von Notausstiegen sowie dem Aufbau eines Luftwarnsystems wird bereits 1940 begonnen. Die Wirkung der Luftangriffe westlicher Alliierter erreicht ihren Höhepunkt nach deren Landung in Mittelitalien. Der erste schwere Luftangriff auf Wien erfolgt am 10. September 1944, die größten Schäden in der Innenstadt entstehen daraufhin am 12. März 1945. Der Luftangriff hat die Zerstörung der Oper und starke Beschädigungen an der Stephanskirche, dem Kunsthistorischen Museum, dem Burgtheater, in der Kärntner Straße und am Donaukanal zur Folge. All das erlebt Susanne Wenger in ihrer Jugend, und dennoch: Sie malt. Die Lebensbeschreibung eines anderen Künstlers zu verfassen, stellt sich stets als problematisch dar; eine Biographie Susanne Wengers tut dies in extremer Weise. Welche Daten sind wichtig im Leben einer Künstlerin? Sind es die Ausstellungen, ist es die Ausbildung, ist es ihr Widerstand zur Zeit des Nazi-Regimes, sind es Reisen oder Menschen? Oder am Ende gar nur Bücher? Jedenfalls ist in Susanne Wengers Biographie eines augenfällig: 35 Jahre verbringt sie in Europa – eine äußerlich kaum ungewöhnliche Laufbahn für eine Künstlerin mit starken individuellen Erlebnissen, die in einer rückschauenden Interpretation bereits auf ihre zweite Lebenshälfte zugeht – und 35 Jahre wird sie danach in Afrika verbringen. Doch vorerst zur Lage in Wien: In der Notzeit zwischen den Weltkriegen versucht der Landtag 1929, das Landesbewusstsein und die Heimattreue der Steiermark durch die Einführung einer Landeshymne zu stärken. Dafür muss das sogenannte „Dachsteinlied" herhalten. Im März 1938 kommt es unter politischem und militärischem Druck zum sogenannten „Anschluss" Österreichs an das nationalsozialistische Deutsche Reich. Die Steiermark wird zum Reichsgau, während man das Ausseerland abtrennt und an Oberösterreich anschließt, und das südliche Burgenland wird nun Teil der Steiermark. Anfänglich gibt es wegen der Aussicht auf eine Verbesserung der wirtschaftlichen Lage eine breite Zustimmung zur Vereinigung Österreichs mit Deutschland, doch die erste Freude verfliegt schon bald angesichts der Realität der nationalsozialistischen Diktatur: Politische Gegner werden verfolgt, die jüdische Bevölkerung enteignet, vertrieben oder aber wie andere von den Nationalsozialisten als „minderwertig" eingestufte Personengruppen in Konzentrationslager deportiert.

Im kriegserschütterten Wien, als Susanne und ihre Freunde verfolgt werden und sie als „entartete" Künstlerin gilt, kommt Wenger nur knapp mit dem Leben davon. „Nur mein Schweizer Pass hat mich vor dem Arbeitslager gerettet" heißt es in einem Interview. Wenger, die in sehr bescheidenen Verhältnissen lebt, denkt noch nicht, jemals nach Afrika zu gehen. Dennoch: Starke, archaisch farbige Träume suchen die junge Künstlerin in den Bombennächten heim. Halb wach notiert Susanne Wenger die inneren Bilder, bemüht, diese durch Buntstiftzeichnungen festzuhalten. Einige Monate danach fällt ihr ein Buch von Rasmussen in die Hände, der bei den Eskimos ein ihren Visionen eines Schöpfungsmythos bis ins Detail gleichendes Trance-Lied aufgezeichnet hat. Doch auch Tibet erregt in dieser schwierigen Zeit Susanne Wengers Interesse. Beim starken Flussritual des Oshun-Kultes – bei Oshun handelt es sich, wie wir später noch erfahren werden, um den heiligen Fluss in Oshogbo – wird sie sich dieses Mythos wieder bewusst werden, das mit dem schamanistischen Geschehen im Eskimo-Lied praktisch zusammen zu fallen scheint. Die Zeit in Wien geht jedoch indes weiter. 1933–1935 studiert Susanne Wenger weiterhin an der Wiener Kunstakademie in der Meisterklasse für Freskomalerei bei Prof. Andri. Nach dem Krieg schlägt die Künstlerin einen neuen Weg ein. So gründet Susanne Wenger zusammen mit Wotruba, Ernst Fuchs und anderen begnadeten Teilnehmern den Wiener Artklub. Bereits in den Ursprüngen der Bewegung, die auf das Jahr 1946 zurückgehen, ist sie dabei. Maria Bilger, eine Freundin von Jugend an, Wotruba, Bertoni, Gütersloh, Leinfellner, Fuchs – das sind nur einige Namen später bekannter österreichischer Künstlerpersönlichkeiten aus dem Art-Klub, der eine Fülle begnadeter österreichischer Künstler seine Mitglieder nennen darf. Fortan teilt Susanne Wenger mit Johann Fruhmann ein Atelier, während sie bei Prof. Boeckl unerschrocken ihr Studium fortsetzt. Kaum ist der 2. Weltkrieg verstrichen, so befindet Wien sich in Aufbruchsstimmung; auch die Künstlerszene ist von frischem Wind geprägt. Demnach beginnt Susanne Wenger, obwohl sie viele Freundschaften in Wien pflegt, daran zu denken, die Stadt zu verlassen.

Inzwischen deutet schon manches in ihren ganz frühen Arbeiten auf das einzigartige „metaphysische Abenteuer“ hin, welchem Susanne Wenger in Nigeria begegnen würde. Bereits ihre ganz frühen Bilder, die dunkle steirische Landschaften in seltsamem Licht darstellen, werden von einem Kritiker als „Heiligenbilder“ bezeichnet, da in ihnen die Bäume – womit wir wieder bei Susannes Lieblingswesen wären – die Aura von vergeistigten, zauberhaften Wesen annehmen. Mythologischen Charakter weisen indes auch die Farbstiftzeichnungen, die in Wien während der Bombenangriffe entstehen, auf; diese Zeichnungen hat Susanne Wenger laut Notizen vollständig im Traum gesehen und unmittelbar nach dem Erwachen zu Papier gebracht. Unter den etwa zwei Dutzend Farbstiftzeichnungen überleben leider nur einige die Jahrzehnte. So auch ein besonderes Werk, auf dem Schafe auf ein glühendes Gestirn herabstürzen, wo ihre Wolle zischend verbrennt. Auch blinde Urtiere steigen in einer der Darstellungen aus dem Meer und schleppen ihre schweren Körper mühsam über den Sand. Aus ihren feuchten Fußstapfen entstehen archaische, menschenartige Wesen. Erst Jahre später begegnet Susanne Wenger, wie bereits erwähnt, schicksalhafter Weise genau dieselbe Geschichte in einem Buch über Eskimo-Mythen. An diese Zeit hat Wenger gegen Lebensende folgende Erinnerung:

„Als in Wien die Bomben fielen, hatte ich diesen Eskimo-Traum – noch bevor ich den Rasmussen gelesen hatte. Ich habe diesen Schamanengesang wortwörtlich geträumt. Damals habe ich angefangen, mir eine Lampe und einen Bleistift neben das Bett zu legen, um diese Träume aufzuzeichnen. Damals habe ich bemerkt, dass da etwas Wichtiges vor sich ging in mir – aufgeschreckt durch den Lärm der Bomben. So habe ich mit den Farbstiftzeichnungen begonnen. (…) Es gibt so viele Sachen, bei denen es wirklich schade ist, dass ich es nicht wieder probiere. Auch die Landschaftszeichnungen aus Graz (...), das waren ja eher surrealistische Baumzeichnungen. Manchmal, wenn eine Situation besonders aufwühlend ist, wie dieser gestürzte Baum, den ich Dir neulich gezeigt habe, dann möchte ich fast wieder nach der Natur zeichnen."[5]

Doch nicht nur in Träumen begegnen Wenger diese Mythen und Archetypen; vielmehr hat sie immer wieder ein Gefühl von Zeitverschiebungen und „Vorauserinnerungen" – und diese werden sich von nun an immer wieder in ihrem Leben wiederholen.[6]

5 Vgl. Interview mit Ulli Beier , Stand vom 19.9.2019.

6 Vgl. Kunsthalle Krems (Hg.), Susanne Wenger. Eine biographische Collage von Wolfgang Denk unter Einbeziehung von Texten, Stand vom 19. April 2019.

3. Verluste und Zerstörungen

Doch zurück zu der Lage in Österreich, die in diesen Zeiten noch zu wünschen übrig lässt. Susanne Wenger lässt sich also auch während der Kriegsjahre nicht unterkriegen: Mit Maria Bilger nimmt sie an Anti-Nazi Demonstrationen teil und zeigt keine Scheu davor, gemeinsam mit ihrer Freundin Maria rote Fahnen in den Straßen von Graz zu schwingen. Und Susanne Wenger hat jetzt neben der Natur noch ein weiteres Rückzugsgebiet: Sie gibt sich tage- und nächtelang ekstatischem Lesen hin. In einem Interview 70 Jahre nach dem Krieg erzählt Susanne Wenger auch:

„Vom ‚Wandervogel' distanzierte ich mich, als sich Teile abspalteten und als ‚Sturmvolk' auftraten. Mit dieser Vorstufe der späteren ‚Hitlerjugend' wollte ich nichts zu tun haben, ‚stramme Gesinnung' ist nichts für eine ausgeprägte Individualistin wie mich", sagt sie da wahrheitsgemäß.

So flieht Susanne Wenger in diesen Tagen in die Welten ihrer Bücher. In Wien, unweit der Akademie am Schillerplatz in der Kärntner Straße, befindet sich das „Antiquariat Bücherschwemme", das die junge Künstlerin oft aufsucht. Dort vergräbt sie sich in Büchern, die der später von den Nazis in Auschwitz ermordete jüdische Freund, Buchhändler und Kunstsammler Lany, zwischen Bücherregalen in seinem Reich in der Kärntner Straße ausgestellt hat. Susanne Wenger fühlt sich dort wohl und geborgen.

Den gewaltsamen Anschluss an das Dritte Reich erlebte sie vom achten Stock in der Brucknergasse, im vierten Wiener Gemeindebezirk, aus, gleichsam aus der „Vogelperspektive", wie sie es im Laufe ihres Lebens nun noch oft tun wird. Ein Bild jedoch ist es, das Wenger in ihrem Leben fortan begleiten wird. So beschreibt sie später in einem Interview eindrücklich: „Am ganzen Himmel haben die unterschiedlichsten Abendrots miteinander gekämpft. Die illegalen jungen Nazis hatten weiße Wollstutzen als Erkennungszeichen. Diese Haxen, die durch die Wollstutzen so dick waren, sahen sehr brutal aus. Die haben dann so gruppenweise Rennanfälle bekommen. Mein Wiener Atelier war mit Glas überdacht. Da war der Himmel ein Feuermeer, und dann hat man aus der Dachluken runtergeschaut und diese Gruppen von weißen Stutzen rennen sehen, das Weiße hat so herausgeleuchtet, irgendwie prophetisch, und am nächsten Morgen waren sie da, mit Gulaschkanonen und verlogenen Abstimmungen."

Während dieser Zeit ist die Freundschaft mit Maria Bilger eine besondere Stütze für Susanne Wenger. Sie besucht Maria fast täglich, vor allem in den Zeiten, in denen grauenerregende Nachrichten aus Graz sie immer wieder erreichen: „Hinrichtungen enger Freunde, die wegen ‚Hochverrates' gehenkt bzw. geköpft wurden: Karl Weiß, Karl Drews und Herbert Eichholzer" heißt es da in einem Brief an Susanne Wenger. Doch damit nicht genug: Knapp vor Kriegsende wird auch noch der desertierte Boeckl-Student Stefan Pichler, den Wenger aus dem „Kreis um die Prater-Ateliers" – eine Gruppierung rund um Heinz Leinfellner, Maria Bilger, Susanne Wenger und anderen – kennt, gefasst und erschossen. Allein dem siebzehnjährigen italienischen Wehrdienstverweigerer Wander Bertoni, der sich in der Meisterklasse Fritz Wotrubas zu einem der bedeutendsten Bildhauer der österreichischen Nachkriegskunst entwickeln hat, gelingt es in diesen Tagen zu entkommen.

Als „entartet" steht Susanne Wenger, wie bereits erwähnt, während des Krieges unter Malverbot. Die berühmt-berüchtigte Naziausstellung „Entartete Kunst" beeindruckt die junge Malerin demnach auch inhaltlich sehr, da sie erstmals Gelegenheit hat, großartige Werke der Moderne, des „Blauen Reiters" und der deutschen Expressionisten im Original anzusehen. Zwar wird die sogenannte „entartete Kunst" von den Nazis in dem Rahmen als grotesk präsentiert, doch auch als Ausstellungsinstallation hat die Sammlung der damals modernen Werke Einfluss auf die Vorstellungen kritisch denkender, reflektierter Künstler. Als Wien im Zuge der Kriegsereignisse 1943/44 bombardiert wird, hat Susanne Wenger ihre innere Emigration bereits angetreten und sie absolviert Zeitreisen im Geiste und in der Phantasie. Währenddessen verlassen allerdings viele Freunde Wien auch auf ganz reale, physische Weise:

Während die einen in Konzentrationslagern ermordet werden, gelingt es anderen, ins Ausland zu flüchten. Geistige Nahrung bezieht Susanne Wenger in dieser schwierigen Zeit nach wie vor aus der Natur und ihren Büchern. Doch auch mit ihrem Lieblingsladen in der Kärntnerstraße ist es bald zu Ende, denn der unglückliche Buchhändler Lany wird schließlich von der Gestapo abgeholt – jedoch nicht ohne Susanne noch eine große Menge an Lesematerial zu hinterlassen. Susanne Wenger liest daraufhin zahllose Bücher über östliche Religionen, tibetischen Buddhismus, Schamanen und ferne Kontinente und schafft es so für Momente, der Angst und der Abscheu vor dem Nazi-Terror zu entfliehen. Tibet, Afrika, Indien – das sind für die junge Grazerin damals phantastische Welten, von denen sie träumt und in die sie sich im Geiste flüchtet.

Schließlich wird Wengers Atelier in der Brucknergasse „ausgebombt" und viele frühe Werke – Ölbilder und Zeichnungen – gehen verloren. Ulli Beier, Susanne Wengers erster Ehemann, den sie in dieser Zeit kennenlernt, erinnert sich später auch an diese Zeichnungen und bedauert deren Verlust: „Sie sind allesamt verlorengegangen." Glücklicherweise hat der große Ethnologe, Sprachforscher und Kunsterzieher damit nicht völlig recht, denn einige dieser Werke tauchen (von W. Denk gefunden) um 1990 im Haus Susanne Wengers in Oshogbo wieder auf und können so auch in der Ausstellung, die Wolfgang Denk bei Peter Pakesch im Grazer Künstlerhaus 2004 anregt, gezeigt werden.

Im Dezember 1945 jedenfalls erscheinen manche der Bilder in der Dezembernummer der Zeitschrift für Literatur, Kunst und Kultur PLAN, die Otto Basil damals herausgibt. Diese Arbeiten, unter denen auch die penibel realistische Bleistiftzeichnung „Der tote Hamster" (*SWF) zu finden ist, haben eine Fülle von erbosten Leserbriefen zur Folge und üben später laut Wolfgang Hutter großen Einfluss auf die damals kaum siebzehnjährigen Studenten der Klasse von Albert Paris Gütersloh, Ernst Fuchs, Anton Lehmden, Kurt Steinwendner und Wolfgang Hutter aus. Dabei hat Susanne Wenger ihre Albtraum-Visionen nur aus dem Unbewussten „realistisch" umgesetzt, denn ihren Hamster hat sie selbst als Bombenopfer verloren, er ist im Atelier der Künstlerin von herabfallenden Trümmern erschlagen worden! Der Kunstkritiker Johann Muschik bezeichnet die Zeichnungen später sogar als die ersten surrealistischen Arbeiten einer österreichischen Künstlerin. Doch der

Surrealismus gehört, wie wir wissen, zu den von den Nationalsozialisten am fanatischsten abgelehnten Kunstformen, was sich auch noch in der sogenannten „Surrealismusdebatte“ in der Art-Club-Zeit (1946 bis 1954) nach dem Krieg niederschlägt.

Dieser findet auch schon bald sein Ende, denn am 2. April schließlich ist es so weit: Wien wird zum Verteidigungsbereich erklärt; Frauen und Kinder sollen die Stadt verlassen. Am 4. April bereits erlässt Marschall Fjodor Iwanowitsch Tolbuchin einen Aufruf „An die Bevölkerung Österreichs“, während die sowjetrussischen Truppen Mödling erreichen. Endlich kommt es am 11. April zum sogenannten „Befehl Nummer 1“ zwecks Normalisierung des täglichen Lebens, der von dem sowjetrussischen Ortskommandant erlassen wird, und schon am 12. April – in der Zeit wird am Donaukanal noch gekämpft – treffen sich sozialdemokratische Funktionäre erstmals im Roten Salon des Rathauses und beraten über die Wiederherstellung einer zentralen demokratischen Verwaltung. Dennoch: Man trägt eine Last.

Die Luftangriffe der westlichen Alliierten fordern unter der Wiener Zivilbevölkerung 8.769, während die Bodenkämpfe 2.266 Tote zurücklassen. Einundzwanzig Prozent der Häuser Wiens sind zerstört, 36.851 Wohnungen total und 50.024 teilweise verwüstet; auch die Infrastruktur trägt schwere mit sich: Kanälen, Wasser- und Gasleitungen sowie über hundertzwanzig Brücken sind zerstört und auch die Wiener Märkte, die Susanne Wenger so gerne aufsucht, werden schwer verwüstet. So sind von insgesamt 41 Märkten der Vorkriegszeit neun völlig niedergebrannt, darunter der Karmelitermarkt, der Viktor-Adler-Markt und der Floridsdorfer Markt. Jedenfalls weisen alle Marktflächen einzelne Bomben-, beziehungsweise Granattreffer auf. Die Verglasungen der Markthallen sind großteils der Zerstörung anheimgefallen. Anfang April 1945 steht die Rote Armee vor Wien, am 10. April sprengen SS-Einheiten die Brücken über den Donaukanal, was zur Folge hat, dass sich die Versorgung der in Mitleidenschaft gezogenen Stadt noch mehr verschlechtert. Am 13. April 1945 letztendlich ziehen sich die letzten deutschen Einheiten aus Wien zurück.[7]

7 Vgl. ebd.

4. Zürich

Ein fürchterlicher Unfall unmittelbar vor dem Ende des Krieges hätte Susanne Wengers Leben beinahe dramatisch beendet. Im Haus, in dem sich das Atelier Maria Bilgers und Heinz Leinfellners befindet und in dem Wander Bertoni und Ernst Fuchs sich versteckt hielten, stürzt Susanne Wenger durch den Liftschacht bis ins Kellergeschoss ab. Die abwärts kommende Liftkabine kann im letzten Augenblick gestoppt werden, da Susanne Wenger lauthals um Hilfe ruft. So wird die Schwerverletzte nur knapp vorm Erdrücken gerettet. In einem Luftschutzkeller, zwischen Bombenopfern und verängstigten Menschen, diagnostiziert ein Notarzt bei der schwer schockierten Künstlerin einen Beckenbruch. Völlig in Gips eingehüllt wird Susanne Wenger wenige Tage später von einem Offizier der einmarschierenden Roten Armee aufgefunden und in Sicherheit gebracht. Die sieben entsetzlichen Jahre des tausendjährigen Reiches legen schließlich das alte Europa in Schutt und Asche und lassen Legionen von Menschen zurück, die „von nichts gewusst" haben wollen. Eine Gruppe von Künstlern, die aus der Emigration, oder aber auch wie der Surrealist Edgar Jené, Freund von André Breton und Paul Celan, aus dem Konzentrationslager zurückgekehrt sind, versuchen mit den „ehemals Entarteten" und jungen Leuten im befreiten Wien, unter den Augen der vier Besatzungsmächte, eine Befreiung der Kunst – und so kommt es zur Entstehung der österreichischen Sektion des internationalen Art Club Österreich. Was folgt ist eine florierende Zeit für die Kunst. In den Ateliers und den Caféhäusern um den Wiener Naschmarkt finden wieder leidenschaftliche Diskussionen über neue Kunst und Literatur statt. Susanne Wenger und ihre Freunde blicken endlich wieder mit Optimismus der Zukunft entgegen, ist es ihnen doch jetzt gestattet, eine vermeintlich unbegrenzte Freiheit auszuleben. Fast wie nebenbei erledigten sie den Beginn der

Wiedereinführung eines lange verschütteten humanistischen Weltbildes und der modernen Kunst in Österreich – alles scheint mit einem Mal leicht zu gehen, scheint Abenteuer und Spiel zu sein.

Die Reisen der Künstler durch die Kontakte des Art Club nach Italien, Amerika und hauptsächlich nach Paris bedeuten außerdem für viele kreativ Schaffende eine reale Horizonterweiterung. Demnach fährt Arik Brauer beispielsweise, kaum dass er achtzehn Jahre alt geworden ist, mit dem Fahrrad von Wien nach Paris, um André Breton zu treffen. Von Paris aus setzt er seine Tour weiter in den Süden bis nach Marokko und Nordafrika fort – und kehrt dann wieder zurück nach Wien. Die Kunstszene von Paris übt in diesen Tagen auf die jungen Künstler eine geradezu magische Wirkung aus. Man pilgert in die französische Metropole, um die großen Meister der zeitgenössischen Kunst persönlich kennen zu lernen. Die Parisreise Arnulf Rainers und Maria Lassnigs 1950, während derer beide Künstler den Surrealismus verwerfen und als „Informelle“ nach Wien zurückkehren, ist nach Wieland Schmied bis heute die wichtigste Reise der österreichischen Nachkriegskunstgeschichte. Otto Breicha hat dieses Kapitel in seiner Sammlung und seinen Schriften ausführlich dokumentiert. Soviel zur Lage in Wien, der Stadt, in der Wenger sich in diesen Jahren allem zum Trotz künstlerisch betätigt. Sich von den Folgen des Unfalls sowie Zweiten Weltkrieges erholend reist Susanne Wenger, unverwüstlich wie sie war, im Frühjahr 1948 nach Rom und Sizilien und später im gleichen Jahr nach Zürich, wo sie in der Galerie „Des Eaux Vives“ des Malers und Kunsthändlers Hansegger, Gründer der Schweizer Gruppe „Abstrakt-Konkret“, mit einigen der berühmtesten Künstler der damaligen Zeit – wie in etwa Hans Arp, Sophie Taeuber, Piet Mondrian und Paul Klee – die Ölbilder ihrer „Grauen Periode“ und ihre Bleistiftzeichnungen ausstellt. Sie selbst ist jüngstes Mitglied in dieser Gruppe. Der erste Preis eines Plakatwettbewerbs erlaubt ihr außerdem knapp danach einen dreimonatigen Italienaufenthalt, den sie in Sizilien und Rom verbringt. Kurz daraufhin lädt ein Freund ihres Vaters sie dann in die Schweiz ein, damit sie sich einen Monat lang richtig „anessen“ kann. Denn Susanne Wenger erholt sich in den Nachkriegsjahren nur langsam von den Folgen des schrecklichen Unfalls in Wien: Der Absturz in einen Liftschacht hätte sie beinahe das Leben gekostet! Susanne aber lässt sich dadurch nicht unterkriegen und bleibt neugierig; sie will die Welt entdecken – und sie reist.

In Zürich ereignen sich schon bald weitere befruchtende Begegnungen: Der Maler und Kunsthändler Hansegger, Gründer der Gruppe Abstrakt-Konkret, die er gemeinsam mit Hans Arp, Sophie Taeuber, Piet Mondrian und Paul Klee ins Leben gebildet hat, nimmt Wengers Zeichnungen in seine Galerie „Des Eaux Vives" auf. Nun verdient Susanne Wenger das erste Mal Geld mit ihren Arbeiten. Und der Erlös einiger weniger verkaufter Bilder gestattet es ihr nun, einem Rat Hanseggers folgend, im Jahr 1949 nach Paris umzuziehen.

Unmittelbar nach dem Krieg malt Susanne Wenger eine Reihe von „grauen" Ölbildern, von denen drei ganz besondere Werke zu nennen wären: „Das Liebespaar", „Der Heimkehrer" sowie „Die Vögel sind nicht eingeladen." Die Gemälde reflektieren laut Wenger ihr persönliches Erleben des zweiten Weltkrieges – gleichzeitig aber bedient sich die Künstlerin eines Settings in einer archaischen Welt. Ohne Zweifel ein Beweis dafür, wie sehr Susanne Wenger von Mythologie und Schamanentum schon damals fasziniert ist. Berichten zufolge hat sie in der Entstehungszeit der Bilder bereits „sehr unsystematisch" sämtliche Literatur gelesen, die sie über Tibet oder die Eskimos finden konnte. Rückblickend meint Susanne Wenger, dass sie ihr Leben genauso gut bei den Inuit oder den Tibetanern wie bei den Yoruba hätte gestalten können. Im ersten Bild begegnen wir dem alten Mythos der „Königskinder": Ein Kahn, der am Ufer liegt, scheint zu klein und zu fragil, um das Liebespaar über das drohende Gewässer bringen zu können. Die Liebe wird hier in unmittelbarer Nähe zum Tod dargestellt. Das Bild „Die Vögel sind nicht eingeladen" mutet hingegen wie ein in Urzeiten zurückversetztes „Abendmahl" an: Vögel blicken durch die Fenster eines von Säulen getragenen Palastes und beobachten Menschen dabei, wie sie einen Vogel verzehren. In diesem Bild scheinen sowohl die Menschen als auch die Vögel und das Lamm traumhafte, zaghafte Wesen zu sein. Es bleibt fraglich, wer hier wem geopfert wird, und wer hier wen verrät – dennoch spürt der Betrachter, dass sich hier eine Szenerie ereignet, die nicht ohne Konsequenzen bleiben wird.

In der Arbeit „Heimkehrer" schließlich können wir einen Soldaten beobachten, der nach dem Krieg nach Hause reitet – allerdings trägt er den Feind, den er getötet hat, quasi als Last mit sich. „Er trägt die Sünde mit sich, aber ohne Schuld. Zu Hause heißt man ihn willkommen, weil er die Bedeutung des menschlichen Leidens mit sich nach Hause bringt", so die Künstlerin zur Deutung ihres Werkes.

In ein zerfallenes barockes Gebäude, dessen Säulen und Rundbögen eine visionäre Darstellung des Hauses sein sollen, in dem Susanne Wenger über dreißig Jahre in Nigeria wohnen wird, begibt sich der heimkehrende Krieger mit seiner Opfergabe. Wie aber kann Susanne Wenger in dieser Zeit bereits den genauen Stil ihres späteren Heims in Oshbogo erahnt haben? Die Frage bleibt offen; dennoch wird diese traumartige Vorausschau in die Zukunft Susanne Wenger noch lange begleiten. Die Darstellung des barocken Gebäudes ist demnach nur ein weiteres Beispiel für die „Vorauserinnerung", die im Leben der Künstlerin eine so große Rolle spielt.

5. Fluxus, Situationismus, Fülle

Neben John Cage, der eine Vorliebe für den Zen-Buddhismus hegt, ist auch die „Situationistische Internationale“ mit Fluxuskünstlern wie Nam June Paik und Joseph Beuys für Susanne Wenger in dieser Zeit wichtig: Paiks Mutter war eine praktizierende Schamanin; insofern finden sich in dessen Videoskulpturen sowohl Prozesshaftigkeit als auch typologische Zeit wider. Doch Paik ist damit nicht alleine: Auch Josef Beuys sieht – wie Susanne Wenger in späteren Jahren – seine Initiation zum Schamanen in seiner schweren Krankheit, die ihn nach einem beinahe tödlichen Absturz ereilt, und lässt in seinen autobiographischen Aussagen verlautbaren, wie belastend das Nahtoderlebnis in später wiederholter Simulation für ihn gewesen sei. Von ähnlichen Strapazen berichtet – trotz aller Tabus – auch Susanne Wenger.

Mit Beuys teilt Wenger also demnach nicht nur den sozialen Aspekt der Kunst, sondern auch ihre Resakralisierung und Erweiterung. Beuys ist in jenen Tagen noch stärker als sie von der ganzheitlichen Sicht Rudolf Steiners geprägt. „Wer nicht denkt fliegt (sich selbst) raus“ scherzt Beuys so, bewusst doppelbödig, über die ständige Grenzerfahrung seines schamanistischen Daseins. Seine Aktion mit Kojote und Hase und seine Liebe zu Reinigungsritualen durch das Wasser sind, ähnlich wie bei Wenger, Kombinationen christlicher Archetypen und frühzeitlichen zyklischen Denkens. Beuys sieht sich als Mann an der Schwelle zur steinzeitlichen Vergangenheit wie der Zukunft. „Man soll nie zu weit in die Geschichte hineinschauen, nie mehr als 500 Jahre in die Zukunft,“ erklärte er die Aufgabe der Kunst. Zudem bezeichnet er sich als neuen „Höhlenzeichner“ und Entdecker von Mysterien an banalen Plätzen wie einem Hauptbahnhof; dabei sei die Literatur über Schamanen von Findeisen und Eliade neben Arnold von Genneps „Rites de Passage“ eine Anregung gewesen. Als Mittler zwischen der Welt der animistischen Naturreligion der Kelten oder Skythen und unserer Zeit befindet er sich in ewiger nomadischer Reise von Ost nach West. Statt eines Baumes in der Natur baut Beuys also lieber die Weltachse in den deutschen Pavillon der Biennale von Venedig 1976 ein oder aber pflanzt 7.000 Eichen in Kassel, die für ihn ein sich ständig erneuerndes, weit über seinen Tod hinausreichendes Kunstwerk repräsentieren sollen.

Mit Wenger verbindet Beuys neben dieser Literatur auf jeden Fall die Absage an die überschätzte Ratio des Westens, hingegen sieht er künstlerisch die Erneuerung des Denkens und der Kunst nicht aus dem Süden kommend, sondern eher aus dem Osten und dem Norden. Seine Solidarisierung mit den Schwachen der Gesellschaft ist, wie bei Wenger, dem Tenor der Nachkriegszeit entlehnt, stilisierte er sich doch – gleichsam als Gegensatz zum bösen Führer seiner Jugendzeit im Nationalsozialismus – zum guten und lehrenden Anführer, wie Sandro Bocola.

Eine andere Form der Rückkehr zu Kunst als Einheit mit der Religion und dem Leben, wie wir sie bereits in der klassischen Moderne – hier mit Blick auf die bacchantischen Mysterienkulte der Griechen wie auch synkretistisch auf andere Religionen – finden, thematisiert auch der Wiener Aktionist Hermann Nitsch. Die Idee zu seinem Gesamtkunstwerk „Orgien-Mysterien-Theater" reicht bis in die fünfziger Jahre zurück. Nitsch teilt mit Wenger neben dem Rückgriff auf die Utopien der klassischen Moderne auch den Ansatz des prozessualen Arbeitens, das quasi „endlos" nicht auf Finalisieren zielt sowie auf die Beobachtung der Natur. Hier bezieht er vor allem das Werk mit ein, das den Rückblick auf frühe Rituale der Menschheit umfasst – so in etwa die Bluttaufe im Mithraskult, Orakel und einige ganzheitliche Konzepte der Neuzeit. Allerdings gibt es – abgesehen von der grundsätzlichen Tatsache, dass das Werk Wengers dem Ritual und der Reaktivierung des Mythos der Geisterwelt der Yoruba dient – eine Menge Unterschiede zwischen den künstlerischen Arbeiten der beiden. So dient der theatralische Aspekt bei Nitsch fast allein der synästhetischen Vereinnahmung eines Kunstpublikums, während Wenger sich genau gegen diesen Gedanken in ihrer Arbeit sträubt. Doch nicht nur die Rezipienten sowie die Kontinente differieren hier, sondern auch die jeweilige Position des Künstlers. Während Wenger im fernen Afrika ihre Rolle als Priesterin und Künstlerin in Personalunion stets herunterspielt, feiern Nitsch und Beuys sich geradezu als reine Kunstpriester – und werden somit relativ schnell zu Kultfiguren am Kunstmarkt. Wenger indes schafft es erst gegen Lebensende, internationale Anerkennung zu erlangen.

In den nächsten Jahren jedenfalls erweitert Wenger mit ihrer Kunst die Sicht auf die archaischen Anfänge mit ihren primär vorhandenen Natur- und Kulturreligionen. Im Glauben der Yoruba halten sich die Götter nach wie vor in der Welt auf, sind im Hier und Jetzt verwurzelt, anstatt wie in anderen Glaubensreligionen von einem außerweltlichen Schöpfergott hierarchisch weit abgesetzt zu stehen und maximal lächelnd von einer Wolke aus herabzublicken. Verbindung mit dem Göttlichen: Das ist das Prinzip, das in Susanne Wengers Kunst herrscht. So erweitert diese sich zum Mnemotop, einer außeralltäglichen Erinnerungslandschaft, in der dem kulturellen Gedächtnis der Menschheit durch kreatives Schaffen Orte gesichert und verräumlicht, manifest werden. Aus dieser Perspektive betrachtet füllt Susanne Wengers Kunst die Leerstelle des europäischen Aura-Verlusts mit neuem In- und Gehalt. Die Künstlerin wechselt zudem die Seiten, dreht die Sicht um, richtet den Blick von Afrika auf Europa, von Innen nach Außen, ja, von Menschen zu Bäumen, womit ihre Kunstauffassung eine Vorwegnahme aktueller postkolonialer Ideen darstellt. Ein wichtiger Ausgangspunkt, um diese Herangehensweise zu entwickeln, scheint für Susanne Wenger in diesen Jahren ohne Zweifel der Vienna Art Club zu sein. „Das Programm des Art Clubs war die künstlerische Freiheit. Der Art Club hat im Nachkriegs-Österreich das Recht zur äußersten künstlerischen Freiheit proklamiert und in Anspruch genommen“, äußert sich Arnulf Neuwirth später auch zu der Gruppierung. Ehemalige Nazi-Mitläufer sind im Kreise dieser Schaffenden nicht erwünscht. Die Zentrale der Vereinigung ist zu der Zeit Rom, wobei sich bereits in den Nachkriegsjahren Sektionen in Italien, Belgien, Brasilien, Ägypten, Frankreich, Israel, Südafrika, Holland, der Türkei, Uruguay und in Österreich befinden. Als Ehrenvorsitzender hält bis zu seinem Tod Pablo Picasso die Stellung, dessen Name damals bereits in konservativen Kreisen als Synonym für die Fuchtbarkeit der modernen Kunst gilt. Unter den Gründungsmitgliedern befinden sich allerdings auch andere heute noch berühmte Namen wie Otto Basil, Maria Bilger, Wander Bertoni, Ernst Fuchs, Paul Otto Haug, Wolfgang Hutter, Heinz Leinfellner, Otto Mauer, Arnulf Neuwirth, Rudolf Pointner, Carl Unger und – natürlich – Susanne Wenger. Schon bald wird Albert Paris Güthersloh zum Präsidenten gewählt, wobei man Fritz Wotruba zu seinem Stellvertreter ernennt. Herbert Boeckl, dem seine Mitgliedschaft bei der NSDAP als Rektor der Kunstakademie von Edgar Jené und Paul Otto Haug „handgreiflich" vorgeworfen wird, weigert sich nach diesen Auseinandersetzungen und der damaligen Gesetzeslage wegen, eine Funktion im Art Club einnehmen. Da Boeckl jedoch auch zum Kreis um Maria Bilger, Wander Bertoni, Heinz Leinfellner und Susanne Wenger gehört, besteht weiterhin eine rege Beziehung zum Art Club – und es kommt zu regem Austausch. Der Kreis um Maria Bilger ist in dieser Zeit gemeinsam mit Heinz Leinfellner eine der „Energiequellen" der Wiener Kunstszene. Diese beiden Individuen sind maßgeblich dafür, dass damals viele junge Künstler Mitglieder des Art Club werden. Susanne Wenger bezeichnet dieses Wachsen des Clubs zwar auch verächtlich als „Vereinsmeierei" und bleibt distanziert, beteiligt sich aber dennoch recht aktiv an der Bewegung. Charmant zeichnet sich der Art Club in Wien durch wenig Organisation aus und scheint vor allem davon zu leben, dass er Künstler in wieder geöffneten Ateliers und Caféhäusern miteinander vernetzt. Die Diskussionen über lange vorenthaltenen Strömungen der westlichen modernen Kunst – Surrealismus versus abstrakte Kunst – erhitzen an diesen Orten die Gemüter, Kommunikation und ein freundschaftlich-kritischer Umgang miteinander stehen an der Tagesordnung. Die Surrealismus-Debatte hat zu dieser Zeit ein starkes Skandalpotenzial in den Medien. Bald gibt es die ersten Abspaltungstendenzen vom Art Club. So inszenieren 1948 in etwa Edgar Jené, Paul Celan, Arnulf Neuwirth und die steirischen „Radikalen" Rudolf Pointner und Franz Rogler „die erste Wiener Surrealistenausstellung". Susanne Wenger, die in der Kriegszeit die inzwischen vieldiskutierten surrealistischen Buntstiftzeichnungen geschaffen hat, distanziert sich jedoch davon. Die Diskussionen und die beleidigenden Kommentare über ihre Arbeiten scheinen sie nichts mehr anzugehen. Im Sommer 1947 nimmt Susanne Wenger an der Ausstellung des österreichischen Art Clubs in Rom teil, ebenso wie im Frühjahr 1948 an der ersten Ausstellung des Art Clubs in der Neuen Galerie Wien. In den internationalen Ausstellungen des Art Clubs zwischen 1947–1949 bleiben Susanne Wengers Ölbilder und Zeichnungen stets präsent und werden auch von der Kritik meistens positiv wahrgenommen. Weitere wichtige Wegbereiter für Wenger werden schließlich die Theorien Carl Einsteins, der sich in der zeitgenössischen Kunsttheorie kritisch mit europäischen Vorurteilen auseinandersetzt, wie sein Text „Negerplastik" noch heute bezeugt. Wenger kennt ihn wahrscheinlich schon von früher durch den von Nationalsozialisten verschleppten Besitzer des Antiquariats „Bücherschwemme" in der Wiener Kärntnerstraße Lany, von dessen Antiquariat sie noch immer eine Menge verbotener Literatur besitzt. Ab Paul Gauguin sucht die westliche Kunst einen Ausweg aus der Stagnation illusionistischer Salonmalerei durch Reanimation von außerhalb Europas sowie durch Einflüsse aus der Vorzeit. Auch die Loslösung von der Vernunft, die Susanne Wenger in ihrem Leben gleichsam wie in ihrer Kunst praktiziert, hilft ihr, den Symbolismus und den Kubismus zur Abstraktion zu durchbrechen. So gelingt es den Strömungen des Expressionismus und des Surrealismus, sich nach der Zäsur durch das Kunstdiktat des Nationalsozialismus wieder zu erholen und weiter zu entwickeln.

Susanne Wenger bewahrt sich durch das ganzheitliche Denken Jungs und Steiners, deren Theorien im Nationalsozialismus weitgehend verboten waren, sowie durch ihr Festhalten am Symbolismus und am Surrealismus einen breiten künstlerischen Horizont, der bis in die Frühgeschichte – zu Aristoteles, den mittelalterlichen Mystikern und anderen Wegbereitern der Moderne wie William Blake – zurückreicht, einen besonderen Ansatz. Blake und Steiner bleiben für Wenger dabei wichtige Visionäre, denn sie bemühten sich, eine neue Welt aus dem alten Volksglauben zu erschaffen und lehnten die empirische Moderne ab. Außerdem war Blake – und auch hier ist er mit Susanne Wenger einer Meinung – ein besonderer Revolutionär und Vorkämpfer für die Selbstbestimmung der Frauen. Seine Schriften und Bilder dienten als Basis für den Surrealismus, während seine Ideen der Archetypen die Jungschen Gegensätze vorwegnahmen. Bei C. G. Jung indes kam zu den Mischwesen aus Tier und Mensch der Gegensatz der mütterlichen Frau und grausamen Verführerin dazu, deren Archetypus uns auch oft in den Werken André Bretons begegnet.

So spannt sich der Bogen in Wengers Werken, fußend auf einer intensiven Beschäftigung mit anderen Gattungen, vom Surrealismus und von Steiners „klingendem Kosmos der geistig wirkenden Wesen" bis hin zur Parapsychologie. Die übersinnliche Welt der Hellseherei braucht „Geistesaugen", die die Welt um sich herum betrachten – und genau das ist in den späten Skulpturen des Gesamtkunstwerks Wengers der Fall! Eine Art Aura von Tabu und Sprachskepsis scheint sich mit den Jahren mehr und mehr über Wengers von Materialismus und leerer Transzendenz befreiten Werke zu legen – und sie entfernt sich mehr und mehr von den Ideen des Art Club. Die Respiritualisierung der Kunst aber steht in krassem Gegensatz zum intellektuellen Spiel der Surrealisten und ihrer künstlichen Entsprechung finden wir in der Maschinenästhetik. Insofern wird Wenger auch hier zur „Brückenbauerin" zwischen unterschiedlichen Stilen.

Gleichzeitig interessiert sie sich jedoch besonders in ihren Anfängen auch für die in der Nazizeit verbotene Zwölftonmusik Josef Matthias Hauers und des emigrierten Arnold Schönberg, die in den Wiener Jahren mit Johannes Ittens, der die Lehre der Polaritäten und fernöstliche Philosophien wie die indische Mazdaznan sowie den Taoismus von Wien ans Bauhaus in Weimar brachte, Kontakt haben. Zu einem weiteren mystisch angehauchten Lehrenden am frühen Bauhaus wird schließlich Paul Klee, mit dem Wenger nach 1945 in der Schweiz zusammentrifft.[8]

8 Vgl. ebd.

6. Auf der Suche nach neuen Anfängen

Um Geld zu verdienen zeichnet Susanne Wenger ab 1947 für die Kinderzeitung des kommunistischen Globus-Verlages. Es ist eine Cartoon-Reihe über die beiden Protagonisten „Stefan und Burgerl“, die sie hier entwirft – ein völlig anderer Ansatz, der aus dem Leben zweier Dackel in steirischer Tracht erzählt. Ihren Lebensunterhalt bestreitet die junge Künstlerin in der Zwischenzeit auch durch eine weitere überaus eigene und ungewöhnliche Tätigkeit: Susanne Wenger stellt Hampelmänner her. In der Globus-Druckerei kann sie außerdem nach den Originalzeichnungen ihren Sternzeichenzyklus als Radierungen drucken lassen. Nun sind die Weichen gestellt: Susanne Wenger stürzt sich Hals über Kopf in das aufkeimende Wiener „Bohème-Leben“, lebt mit dem jungen Kärntner Maler Hans Fruhmann zusammen und teilt mit ihm auch das Atelier. Später erst, als Susanne Wenger schon längst in Afrika beheimatet ist, wird Hans Fruhmann als Künstler anerkannt, während Susanne Wenger schon früher erste Erfolge gelingen. Berühmt allerdings wird einstweilen ein weiterer „Untermieter“, den Wengers Atelier beherbergt: der damals blutjunge Arnulf Rainer. Wie später berichtet wird, erprobte dieser seine Technik der „Übermalungen“ zuerst auf zurückgelassenen Bildern von Susanne Wenger. So zumindest erzählt Hans Fruhmann im Jahre 1984, nicht ohne nostalgische Wehmut. Susanne Wenger beginnt indes in dieser Zeit, sich innerlich mehr und mehr von der Wiener Künstlerszene zurückzuziehen. Sie forciert ihre eigene Arbeit und die Entwicklung ihrer persönlichen und ganz und gar spezifischen Bildsprache. Drei der Ölbilder, die in den Jahren 1946 und 1947 in Wengers so genannten „Grauen Periode“ entstehen, sind, wie bereits erwähnt, Folgende: „Das Liebespaar“, „Die Heimkehrer“ und vor allem die Abendmahl-Variation „Die Vögel sind nicht eingeladen“. Schon jetzt kann man anhand der Bilder jene expressiven Überlängen der Figuren analysieren, die für Susanne Wengers Werke ein Leben lang charakteristisch bleiben: Starke mythologische und archaische Züge treten hervor. Einerseits weisen diese auf überstandene Leiden eines langen Lebens hin, andererseits aber lassen sie den Betrachter „metaphysische Obsessionen" der Zukunft vorausahnen. Dieser Aspekt hat ohne Zweifel damit zu tun, dass Susanne Wenger sich in diesen Tagen mit den großen Mythen der Menschheit auseinandersetzt. Während die Figuren in „das Liebespaar" sich in stummem Schmerz zärtlich umschlungen halten, stellen das Boot und die Viadukte Symbole des Dahinscheidens in diesem düsteren Strandszenario dar. Die Liebe wird hier zum Vorboten des Todes, ja, es scheint, als würde alles in diesem Gemälde Abschied nehmen – genau wie Susanne Wenger in Bälde auch, denn sie hat bereits vor, Wien zu verlassen. Auch das Thema dieses Bildes mag eine Art des „Vorauserinnerns" sein, von der Wenger später immer wieder sprechen wird.

Doch zurück zur Lage: Mit dem Erstarken der künstlerischen Moderne in Österreich verschärft sich zugleich auch der Widerstand verschiedener Kreise gegen diese Tendenzen – die Lage spitzt sich zu. Bilderstürme, Krawalle und Prozesse bezeugen, dass auch nach dem Nazi-Regime noch eine große Masse der Bevölkerung der modernen Kunst gegenüber feindlich eingestellt ist. So wird Susanne Wenger nach und nach ermüdet und enttäuscht. Die erhoffte Freiheit lässt sich offenbar in Wien nur mühsam erringen, während die alten opportunistischen Verfechter des „gesunden Volksempfindens" in den Ministerien, im Parlament, im Wiener Künstlerhaus und in den Akademien weiterhin ihre Positionen vertreten können. Wen wundert es also angesichts der Lage, dass Susanne Wenger immer mehr mit dem Gedanken spielt, das Land zu verlassen? So kommt es ihr gerade recht, dass sie, wie bereits erwähnt, bei einem Plakat-Wettbewerb des italienischen Art Club einen dreimonatigen Aufenthalt in Italien gewinnt. Doch Österreich ist damals noch in Besatzungszonen aufgeteilt. Selbst Reisen nach Linz, Salzburg oder Graz gestalten sich oftmals als schwierig, da Wien mitten in der damals sowjetisch besetzten Zone liegt. Dennoch: Susanne Wenger bricht auf, startet das erste große Wagnis.

Nach einem längeren Romaufenthalt, für den sie ein Stipendium bekommen hat, reist Wenger 1948 weiter nach Zürich, wo sie sich der Künstlergruppe Abstrakt-Konkret anschließt, zu der auch Paul Klee,

Hans Arp, Sophie Taueber und Piet Mondrian zählten. Dabei stellt die Auseinandersetzung mit den Werken Klees und Mondrians genau so wie mit den Bildern von Wassily Kandinsky eine wichtige Grundlage für Susanne Wenger und ihr weiteres schöpferisches Dasein dar. Denn auch diese stehen in der frühen Phase ihrer künstlerischen Laufbahn der Theosophie nahe und beschäftigen sich mit mythischen sowie religiösen Momenten. Für Susanne Wenger scheint sich alles nach ihrem Sinne zu gestalten: Sie blüht, wächst und lernt und stellt ihre Bilder zunächst in der Galerie Des Eaux Vives von Hans Egger – auch Hansegger genannt – aus. Im Jahre 1950 schließlich lädt sie einige der berühmten Mitglieder von Abstrakt-Konkret zu einer Schau des Art Club in die Wiener Sezession ein. Die Materialien und Medien, mit und in denen Susanne Wenger in diesen Jahren werkt, bleiben einander jedoch vorerst ähnlich: Die Phase dieser Zeit bleibt auf Ölbilder in sehr gedeckten Farben konzentriert: Ocker-, Grau- und Brauntöne bestimmen den Duktus in „Heimkehrer", „Das Liebespaar", „Badende" und „Die Vögel sind nicht eingeladen", eine schamanistische Paraphrase des Abendmahlthemas. Spannend ist hier vor allem, wie Wenger alte Mythen reflektiert: So thronen am Rande des Alpenbogens Vogelköpfe, die auf die Maskierung, die Verhüllung vor dem Geheimnis des Göttlichen schließen lassen und an Erzählungen des afrikanischen Schamanismus erinnern. Doch auch viele andere religiöse Überlieferungen fließen in diesem Bild zusammen: Götterkönige erleiden dabei stellvertretend für die Gläubigen den rituellen Opfertod – denn genau wie die Eucharistie ist das spirituelle Mahl auch kannibalisch interpretierbar, weiß Wenger Bescheid. Drängt sich da nicht die strenge Monochromie der religiös motivierten Fastentücher aus dem Mittelalter auf? Reduktion und gedeckte Farben jedenfalls prägen die Gemälde dieser Zeit. Doch die religiösen Thematiken gemeinsam mit den Farbreduktionen hängen jenseits historischer Anspielungen auch stark mit Erinnerungen an die schrecklichen Kriegsjahre zusammen. Gekonnt verwebt Susanne Wenger hier surrealistischen Aspekte mit konstruktiven Elementen – und schafft es so, sich einer vollkommen neuen Stimme in der Malerei zu bedienen.

Was folgt, ist ein weiterer Auslandsaufenthalt: Wenger geht für längere Zeit nach Paris. Die Jahre 1949/50 vor Lassnig und Rainer verbringt sie fortan neugierig in dieser Stadt, doch sie orientiert sich dort weder an den strengen Techniken alter Meister noch verfällt sie dem –

wie sie selbst es ausdrückt – „rasiermesserscharfen" Intellekt der Surrealisten. Auch die Ästhetik der École de Paris wird ihr immer ein wenig fremd bleiben. Denn Susanne Wenger, die früher stets lächelnde Susi, die in den Bergen ihre Eigenständigkeit sucht und immer wieder auch auffindet, hat eine eigene künstlerische Stimme: Ihre Mischung von abstrakten und figürlichen Elementen mutet von Anfang an sehr innovativ an, auch wenn, wie gesagt, eine Nähe zu den abstrakten Arbeiten der in Wien verbliebenen Künstlergruppe des Art Club hergestellt werden kann.

Wichtiger scheint für Wenger in der Pariser Zeit – neben ihrer Begeisterung für Gespräche mit den Clochards an der Seine – die Orientierung an den Plastiken der Bildhauerin Germaine Richier. Wen wundert es, dass die animalischen und vegetabilen Formen der Richier eine Susanne Wenger, die die Natur stets als ihre tiefste Kraftquelle erlebt hat, aufs Äußerste faszinieren? Die Ausläufer surrealistischer Ideen, durch Verdrahten und Verspannen zu Torsi gedreht, erinnern an Venen, Adern, an ein Netz gespannter Nerven. Sofort ist Susanne Wenger begeistert, studiert und analysiert Richiers Werk. So werden auch ihre eigenen Mischwesen in Hinkunft in Interaktion mit ihrer Umwelt sein, bedroht und auch fleischlos aussehen – ein Symbol für die schamanistische Trance-Erfahrung des Fleischverlusts bis auf den Knochen hin. Auch die Suche nach archaischen Wissensquellen bestimmt Richiers Arbeiten. Ja, sie setzt sich mit Hybridformen auseinander, ähnlich wie Wenger später in ihren Skulpturen im heiligen Hain. Insekten wie die Gottesanbeterin – in vielen Kulturen ein überaus wichtiges Orakeltier – verweisen auf eine undomestizierte Natur. Vorlogisches Denken scheint die durch den Zweiten Weltkrieg in Misskredit gebrachte rationale Denkfähigkeit als Gefahr zu entlarven und stellt intellektuelle Ansätze bloß. Naturmaterie stirbt ab, verwandelt sich, transformiert sich, entsteht neu – alles ist auf dem Weg, spannt Bögen und bleibt in Austausch. Ein Oszillieren, das Brücken bildet zwischen Mensch und Tier. Der Rückblick auf eine unverdorbene Natur interessiert Wenger in ihren späteren Skulpturen ebenso wie die Transformationen allen Lebens – auch insofern stimmt sie mit Richiers Ansatz überein, in deren Spätwerk sich sowohl Goethes Metamorphosenlehre als auch die Anthroposophie in einem dynamischen Lebensprinzip finden lassen.

Doch nicht nur Richier wird zu einer wichtigen Wegbereiterin, was Wengers Schaffen betrifft. Auch die sehr physische, impulsgelenkte Arbeitsweise des Action Painting und die des abstrakten Expressionismus, der in den USA floriert, sowie die des Tachismus oder des Informel in Europa und der Pariser Kubismus spiegeln sich in Ansätzen in Susanne Wengers späteren Werken wider. Denn sie versucht ebenfalls, sich der formalen Beschränktheit des Bildes und des Ateliers zu entwinden, um zu neuen Formen und Anordnungsweisen zu gelangen. Weiters sind ihr Arbeiten von Maria Lassnig, die neben Wenger auch bei Ferdinand Andri studiert hat und als „entartet" gilt, wichtig. Auch Lassnig sucht 1950/51 gemeinsam mit dem jungen Arnulf Rainer Paris auf; Rainer indes behält die Struktur des „rituellen Schwärzens" bei, wobei er sich hier auch sehr stark mit religiösen Aspekten auseinandersetzt: Der Akt des dunklen Übermalens soll an die mystischen Vorbilder der frühchristlichen „negativen Theologie" erinnern. Weiters orientiert sich der Künstler ebenfalls am Taoismus und kann so mit Wengers Resakralisierungsansätzen verglichen werden. Bei beiden Kunstschaffenden verlängert sich das Physische weiter ins Rituelle; doch diese Manifestation vollzieht sich bei Wenger später auch in den Skulpturen im öffentlichen Raum in Nigeria, wo sie ab 1950 leben wird, während Arnulf Rainer stets bei der formalen Struktur des Bildes bleibt.[9]

9 Vgl. https://susannewengerfoundation.at, Stand vom 19. April 2019.

7. Immer noch Paris

Susanne, stets ein vogelfreier Charakter, ist also der inneren Gebundenheit an Wien und damit der Gefahr des „Selbstgenügens“ entgangen. So schreibt sie in ihren späteren biographischen Notizen:

„In Paris habe ich einfach gelebt und gemalt – keine Sorgen gehabt – und war von der Stadt eigentlich etwas enttäuscht. Mein Haupterlebnis war, dass ich aufgenommen wurde von den Clochards. Das waren mir die wichtigsten Menschen in Paris. Die sind ungeheuer stark, zumindest in der Ablehnung des Bürgerlichen.“

In dieser Stadt bleibt es stets lebendig, pulsiert die Veränderung: Nach dem Wiederaufbau der zerstörten Häuser in Paris werden in der Zeit nach dem Zweiten Weltkrieg die ersten Bauten in der Vorstadt La Défense errichtet, darunter das „Centre National des Industries et des Techniques“. In den Nachkriegsjahrzehnten erlebt auch Frankreich einen dem westdeutschen Wirtschaftswunder vergleichbaren wirtschaftlichen Aufschwung, die sogenannte „trente glorieuses“. Hat bis dahin noch in vielen Regionen die kleinbäuerliche Landwirtschaft dominiert, so wird diese nun in rapidem Tempo durch industrielle und postindustrielle Strukturen ersetzt. Millionen von Menschen strömen aus den Dörfern in die Hauptstadt, sodass die Einwohnerzahl in Paris in dieser Zeit von 5,6 Millionen 1946 auf 8,6 Millionen im Jahr 1975 ansteigt.[10]

Susanne Wenger also entdeckt die Welt dieser Stadt. Ihre Bilder, die ihr Hansegger zum Abschied wiedergab, hat sie im Gepäck. Der schneidende Intellekt der Pariser Künstlerschaft beeindruckt sie immerhin so weit, dass ihre Malerei immer abstrakter wird. Die Bilder der „Grauen Periode“ muten nur noch wie Zeugen einer versunkenen Kultur an.

10 Vgl. https://de.wikipedia.org/wiki/Geschichte_von_Paris#Entwicklung_ab_1945, Stand vom 19. April 2019.

Man glaubt fast, dass irgendwann eine archäologische Ausgrabung ein altes Manuskript zutage fördern wird, mithilfe dessen es gelingt, die mysteriösen Bilder zu entschlüsseln. Versenkt man sich in diese Arbeiten, dann versteht man auch, warum Susanne Wenger später behauptet: „Ich brauchte mich bei meiner Begegnung mit der Yoruba-Religion überhaupt nicht zu verändern.“ Tatsächlich: mythisches Wissen und tranceähnliche Atmosphäre prägen schon damals die Bildlandschaft.

Das Jahr in Paris jedenfalls erscheint aus jetziger Sicht auf die Biographie der Künstlerin wie ein kurzes aber anmutiges Zwischenspiel in ihrem Leben, eine letzte kurze Ablenkung vor der totalen Konsequenz der folgenden vierzig Jahre. Ein befreundeter Kunsthändler, Hanslecker, ermöglicht Susanne Wenger 1949 während ihres Aufenthalts auch noch finanzielle Unabhängigkeit, sodass sich Wenger getrost und sorgenfrei austoben und ihrer künstlerischen Arbeit widmen kann.

Ihre Bilder werden in Paris immer abstrakter, bis die Figuren fast völlig in gespachtelte Farbkonstruktionen umgesetzt waren: „In Paris interessierten mich die alten Häuser, der Flohmarkt und die Clochards mehr als die Künstler. Aber ich wollte den Intellekt der Pariser Künstler auch nicht ignorieren. Formal entstanden meine fast abstrakten Bilder, weil ich Paris gerecht werden wollte“, so die Künstlerin.

Ihr menschliches Dasein aber ist eher geprägt von Gesprächen mit Clochards als von langen Salonnächten in künstlerischen Kreisen. Nächtelang sitzt die junge Frau an der Seine und blickt ins Wasser, stets im Dialog mit der Natur und den Elementen – genau so, wie sie es schon in ihrer Zeit in Graz und Wien war. Die Welt riecht nach Freiheit: Nach langen Jahren der Bedrücktheit und des Leidens gelingt es Wenger, entspannt, sorgenfrei und glücklich zu leben – und zu malen.

Doch dann geschieht etwas, das einen totalen Paradigmenwechsel mit sich bringt: Die 35-jährige Künstlerin, auf dem Weg zum Erfolg, trifft in Paris eine folgenreiche Entscheidung, die ihr Leben in völlig neue Bahnen lenken sollte: Sie beschließt, nach Afrika zu gehen.

Denn in diesen Tagen begegnet Wenger dem Sprachforscher Ulli Beier, der wegen eines Projektes mit behinderten Kindern in Paris weilt. Die beiden verlieben sich ineinander und verbringen das Leben fortan gemeinsam. Schließlich heiratet das Paar und Ulli Beier, da er eine Berufung an die „Dschungel-Universität“ Ibadan, der ersten Universität Schwarzafrikas, erhalten hatte, trifft die Entscheidung, seinen Lebensmittelpunkt nach Afrika zu verlegen. Gesagt, getan: Die Reise wird angetreten. Über das Atlasgebirge wandert das Paar nach Nigeria aus. Diese Reise dauert einige Wochen, eine Langsamkeit die, so Susanne Wenger, notwendig ist, um die „inneren“ Balancen zu finden. Durch die Langsamkeit des Vorankommens gelingt es, den Übergang von der „ersten Realität“ zu den virulenten „voraus erinnerten“ Bildern in Afrika sanfter zu gestalten – so die Künstlerin in ihren Schriften. Später wird Susanne Wenger erklären, dass ein Platz inmitten des Stammesgebietes der Yoruba bereits „schicksalhaft“ auf sie gewartet zu haben scheint, ein Platz, der ihrer Selbstfindung und Selbstverwirklichung große Dynamik und Krisen verleihen sollte. Doch noch ist es nur eine Vorahnung, eine ihrer „Vorauserinnerungen“, die sie bewegt. So kommt Susanne Wenger gegen Ende des Jahres 1950 nach Nigeria. Nun beginnt ein neuer Lebensabschnitt. Damals ahnt sie wohl kaum, wie grundlegend sich ihr Leben dort verändern würde. Ihre Kollegen in Wien und Paris vermuten indes noch, dass Wenger nach ein oder zwei Jahren wieder nach Europa zurückkehren würde, mit neuen Erfahrungen und künstlerischen Anregungen.

8. Nigeria

Der Übergang gestaltet sich interessanterweise nahtlos: Nach ihrem Umzug nach Nigeria wird Susanne Wenger nur noch zu Ausstellungen nach Europa eingeladen und später hauptsächlich zum Verkauf ihrer Bilder und Batiken, um Geld für ihre großen Projekte in Nigeria zu sammeln, in ihre alte Heimatstadt reisen. Wie weit sie in Gesprächen mit den Protagonisten der Avantgarde selbst jetzt noch anregend wirkt, ist unerforscht. Denn bei Susanne handelt es sich um einen sehr eigenständigen und besonderen Charakter. Ihre Rolle lässt sich nicht mit der in Österreich tätigen Maria Biljan-Bilger, Christa Hauer oder einer Hildegard Joos, mit denen sie jedoch in sporadischen Kontakt bleibt, vergleichen. Später jedenfalls nimmt Susanne Wenger sogar Abstand vom eurozentristischen Blick ihres Partners Ulli Beier, der Zeit seines Lebens für eine „bessere" Welt in Afrika eintrat.

„Ich war natürlich Europäerin und sogar besonders intensiv Europäerin, aber ich habe nicht in einem europäischen Lager gestanden, das sich gegen andere Dinge abgrenzt. Und ich war sicher auch nicht die Einzige, die sich mit der europäischen Kultur nicht ganz identifizieren konnte. Wir konnten die religiöse und kulturelle Situation nicht wirklich durchschauen, wir haben nur ein Unbehagen verspürt. Und wir gaben diesem geistigen Unbehagen Ausdruck, indem wir gegen die Generation unserer Väter rebellierten...", sagt Wenger später in einem Interview mit Ulli Beier.

Was die Lage in Afrika jedenfalls betrifft, so ist folgender historischer Hintergrund zu erklären: Zu Beginn des Jahrhunderts kommt es in dem Land zu politischen Umwälzungen. Der Zeitungsbesitzer und Parteiführer Herbert Macaulay entwickelt sich zur führenden Figur eines entstehenden nigerianischen Nationalismus. 1938 werden erstmals ernstzunehmende Forderungen laut, Nigeria den Status eines britischen

Dominion zu verleihen und es damit auf eine Stufe mit Australien oder Kanada zu heben. Der Zweite Weltkrieg, an dem auch nigerianische Soldaten auf Seiten der Briten partizipieren, wirkt als Katalysator für Unabhängigkeitsbestrebungen. 1954 schließlich kommt es zur Unterteilung Nigerias in vier Regionen, die von gewählten Gouverneuren regiert werden und im Zuge dieser Dezentralisierung ihre Unabhängigkeit erhalten, während schon 1957 in den (süd-)westlichen und (süd-) östlichen Regionen des Landes eine Selbstverwaltung mit einem parlamentarischen System eingeführt wird. Die Macht der Zentralregierung ist im Vergleich mit der Autonomie der Regionen alles andere als stark. Der Norden lehnte die Einflussnahme der Zentrale zu Beginn ab; so kommt es erst 1959 zu einer Selbstregierung auf parlamentarischer Grundlage im Rahmen einer „unabhängigen Föderation Nigeria".

Im Dezember 1959 werden erstmals allgemeine Wahlen abgehalten. Ein nigerianisches Repräsentantenhaus entsteht, bei dem die Mehrheit der Sitze aufgrund der größeren Bevölkerungszahl für den Norden reserviert bleiben. Doch auch das nächste Jahr geht als afrikanisches Jahr in die Geschichte ein: 1960 nämlich erlangen achtzehn Kolonien in Afrika – vierzehn französische, zwei britische, je eine belgische und italienische – die Unabhängigkeit von ihren Kolonialmächten. Die andere entlassene Kolonie neben Nigeria ist in dieser Zeit Britisch-Somaliland.

Am 1. Oktober 1960 wird Nigeria durch einen Gesetzesakt im britischen Parlament feierlich in die Unabhängigkeit entlassen. Im Februar 1961 schließlich ereignet sich die erste Volksabstimmung in den beiden Kameruns, also dem nördlichen und dem südlichen Teil des Mandatsgebietes Britisch-Kamerun. Während der nördliche Teil seine Entscheidung für Nigeria trifft, wird dem südlichen Teil Kamerun zugesprochen. Das unabhängige Nigeria umfasste damit sein heutiges Staatsgebiet.[11]

Soviel zur Lage, als Susanne Wenger beginnt, sich in diesem Land niederzulassen. Sie selbst betrachtet die Situation folgendermaßen:

„Von der ganzen kolonialen Situation in Nigeria hatten wir keine Ahnung, uns wurde nur ein Zettel mit dem überreicht, was wir mitnehmen sollten. Ulli hatte das alles nicht und meinte: ‚Irgendwie werden wir uns da schon durchschwindeln'. Der Vizekanzler der Universität gab uns ein Guesthouse in seinem Compound, weil er gehört hatte,

11 Vgl. https://de.wikipedia.org/wiki/Geschichte_Nigerias, Stand vom 10. April 2019.

dass ich Künstlerin sei, und meinte, ich würde ‚solitude' brauchen. Die koloniale Europäerclique war untereinander hilfsbereit, und davon profitierte selbst ich", erinnert sich Susanne Wenger am Ende ihres Lebens. In Nigeria fühlt sie sich jedenfalls sofort zuhause; das Klima, die Atmosphäre, ihre Gemeinschaft mit Beier, ihre Kunst – ja Wengers gesamtes Leben scheint perfekt und sie ahnt schon bei ihrer Ankunft in der Universitätsstadt Ibadan – die damals schon fast eine Million Einwohner hatte – dass hier, wie sie es später formuliert: „die Symbole noch gelebt werden". Denn alles, was Susanne Wenger vorher nur in der Literatur erlebt hat, wird nun real, wenn auch nur nach und nach. Noch beherrscht Wenger die Sprache des Volkes nicht, noch findet sie keinen Zugang zu den Menschen, in denen diese alte Kultur bis in die Gegenwart hinein lebendig ist. In den ersten Monaten fühlt Wenger sich exaltiert und verwirrt zugleich, ein Gefühl scheint in ein anderes über zu schwappen. Die ersten beiden Bilder, die sie in Ibadan malt, zeugen demnach von einer Art Stilbruch: Sie sind rein abstrakt – die einzigen wirklich abstrakten Bilder, die Susanne Wenger je gemalt hat. Susanne Wenger steht also nun am Anfang einer neuen Entwicklung, und sie ist gleichzeitig neugierig und erschüttert. Initiationen, Rituale – die ganze Wucht des Unbekannten schlägt in diesem Moment auf sie über. Neuland in den Bereichen der Liebe – erstmals lebt Wenger mit einem Mann in einer Beziehung zusammen – der Gesundheit und der Spiritualität ringen neben ihrer konsequenten künstlerischen Arbeit vergebens um Balance. 1950 bezieht Wenger mit Ulli Beier ein kleines Gästehaus auf dem Universitätsgelände in Ibadan, wo die erste Universität Westafrikas in ehemaligen Militärbaracken untergebracht ist. Viel später lässt sie in einem Interview über die Stadt Ibadan verlautbaren: „Es war weit zum Speisesaal der Universität, die hauptsächlich aus Wellblech-Militärbaracken bestand, und ich musste im Abendkleid, Ulli Beier im weißen Dinner-Jackett über einen Kilometer durch den ‚Busch' laufen, um am kolonialen, englischen Abendessen teilzunehmen. Die neuen nigerianischen Studenten mussten in den glühend heißen Baracken in Anzug und Krawatten studieren. Verbrüderungen waren nicht vorgesehen."

Schon bald beeilt sich das Paar nun, das Land und die Kulturen Nigerias weiträumig zu erkunden. Anfang 1951 kommt es zu einer spannenden Reise weiter ins Landesinnere nach Jebba am Niger, außerhalb des Yoruba-Stammesgebietes. Aber die Götter scheinen ihnen nicht gut gesinnt: Denn als man da ankommt, wo die Regenwaldzone der steppenartigen Sahel-Landschaft weicht, erkrankt Susanne Wenger. Im März 1951 schließlich wird bei ihr eine schwere Tuberkuloseerkrankung diagnostiziert, die sie neun Monate ans Bett fesselt. Die starken Antibiotika, mit denen man diese Krankheit heutzutage behandelt, sind damals zwar schon entdeckt, doch es scheint unmöglich, sie in Nigeria aufzutreiben; auch in England sind sie noch nicht im Handel.

Über ihre Krankheit sagt Susanne Wenger später: „Ich war natürlich schon vorher krank, schon von Wien her, durch den Unfall im Aufzug ist irgendwie eine Kinderkrankheit in der Lunge aufgebrochen. Ein Arzt hatte damals bereits festgestellt, dass ich Tuberkulose habe. Aber ich hatte das sehr vernachlässigt." Warum, das erklärt Wenger folgendermaßen: „Der Arzt hat zu mir gesagt: ‚Überleben wirst du das schon, aber du musst etwas dagegen tun.' Ich habe mich aber dagegen gewehrt und hab gesagt: ‚Dafür habe ich noch keine Zeit, das kommt später dran', weil ich mir diese Krankheit unbewusst für Ibadan aufgehoben habe. In den ersten Wochen in Nigeria habe ich schon gespürt, dass da eine ganz starke lebendige Kultur ist, aber noch fand ich die entscheidenden Kontakte nicht." Freunde rieten Susanne nun, nach London zu gehen um sich behandeln zu lassen, sie aber vertraut sich zwei afrikanischen Ärzten an.[12]

Im Spitalsbett liegend noch ist Susanne Wenger jedoch künstlerisch tätig. So malt sie die Serie der „Holztafelbildchen", in der sie sich mythischen Themen widmet.

Die Lage indes spitzt sich zu. Die englischen Ärzte an der Universitätsklinik von Ibadan weigern sich in der Folge auch noch, Susanne Wenger zu behandeln und bestehen darauf, sie nach Hause – sprich nach Europa – zu schicken. Dass die Künstlerin ihr Zuhause gerade erst in Nigeria entdeckt hat, wird als neurotische Spinnerei bagatellisiert. Keiner der Ärzte zeigt Verständnis. Doch Susanne Wenger, endlich angekommen, bleibt felsenfest bei ihrer Überzeugung: eine Rückkehr nach Europa – gerade zu diesem Zeitpunkt ihres Lebens – würde ihren Tod bedeuten! Nur der junge Dr. John Karefa – smart, aus Sierra Leone, und einer von drei Afrikanern, die damals an der Universität von Ibadan unterrichten – ist bereit, das Risiko einzugehen: Er behandelt Susan-

12 Vgl. Interview mit Ulli Beier, Stand vom 10. April 2019.

ne Wenger gegen den Willen seiner Vorgesetzten monatelang mit der beschwerlichen und anstrengenden Methode der Pneumothorax, bis schließlich der schwarz-amerikanische Gastprofessor Lorenzo Turner das neu entdeckte Streptomecyn aus Amerika importieren lässt, sodass sich Wengers Konstitution schnell bessert.

Während ihrer Krankheit versucht die Künstlerin sich neben dem Malen durch das Lesen anthropologischer Bücher ein Bild von der Kultur zu machen, deren magische Ausstrahlung sie auch am Krankenbett zu spüren glaubt. Nervös verschwindet sie in deren Welten, scheint irgend etwas zu suchen und merkt immer wieder, dass die Wissenschaftler zwar viele Fakten zusammengetragen haben, jedoch das Weltbild, das sie aus diesen Fakten zusammenbasteln muss wie ein Puzzle, sich nicht zu einem Ganzen fügt. Später bezeichnet Wenger die Verfasser dieser Bücher auch als sogenannte „Spießer".

Da Susanne Wenger den ganzen Tag liegen muss, malt sie also auf kleinen Holztafeln, die sie auf den Knien liegen hat. Es entstehen sehr intensive, sehr farbige gespachtelte Ölbilder, nur 30 x 40 cm groß, aber monumental konzipiert. Auf ihnen wachsen Menschen, Tiere und Götter wie knorrige Bäume in den Himmel. Feuer, Wasser, Erde und Luft sind Akteure. Die Mythen sämtlicher Völker und Zeiten verschwimmen hier zu einem wilden Epos von Schöpfung, Tod, Opfer und Wiedergeburt. Erst viele Jahre später äußert sich Susanne Wenger zu der Tuberkulose-Erkrankung folgendermaßen: „Es ist festgestellt worden, dass keiner Schamane wird, ohne diese Todesnähe erlebt zu haben – und da haben wir ja wieder den Jacob Wassermann. Während der „Initiationskrankheit" gab es eine sehr lange Periode, in der ich außerhalb des Lebens stand, zu einer Zeit, in der ich noch sehr unreif, aber doch hundert Prozent bereit war, mich beeindrucken zu lassen."[13]

Susanne Wenger hat diese Krankheit ihre „zweite Initiationskrankheit" genannt: die Yoruba-Götter spüren ihre Nähe und beanspruchen sie in dieser Zeit bereits für sich, meint sie später. Um auf die schweren Initiationsriten vorbereitet zu sein, „muss der Körper", wie Wenger in einem Gespräch vierzig Jahre später verlautbaren lässt, „erst einmal tüchtig durchgebeutelt werden". Freilich weiß Susanne Wenger zu diesem Zeitpunkt noch nichts von dem Phänomen der Vorauserinne-

13 Vgl. ebd.

rung, weiß nicht, was auf sie zukommt. Doch in ihr – davon zeugen zumindest die besonderen Bilder, die Susanne malt – gibt es bereits einen Kanal, können die sogenannten Götter der fremden Kultur andocken. Wenger steht unter Spannung – sie begreift intuitiv, dass sie jetzt einen inneren Tod stirbt.

Die Lage im Land ist zwiespältig. Während die koloniale Europäerclique sich als untereinander hilfsbereit erweist – auch Susanne Wenger profitiert davon – haben sich beispielsweise die Engländer in den Kolonien vollkommen abgesondert, wodurch sie kulturell weniger Schaden anzurichten scheinen als die Franzosen. Dennoch: Die Pogrome und Autodafés gegen die traditionelle Religion, die 1917 durchgeführt werden, zeugen von der ungeheuren psychologischen Taktik und Brutalität, mit der dieses große Britische Reich zusammen gehalten wird. Als es schließlich zur Unabhängigkeit kommt, ist vor allem eines evident: Die hohen Kolonialherren haben den Einheimischen aller Kolonien das nötige Selbstvertrauen, das heißt, die Fähigkeit zur Selbstverwaltung, sorgfältig abgewöhnt. Jedoch: Was die Missionsschulen betrifft, schlecht oder nicht ausgebildet, sind die Leute, die die ersten Regierungen bilden, weitaus menschlichere Politiker und bessere Menschen als die, die noch folgen werden.

So verstreicht ein wenig Zeit. Indes wechselt Ulli Beier von seinem Fachgebiet der Phonetik auf das Extra Mural Education Department der Universität um, fährt als begeisterter Lehrer ohne Hemmschwelle oder Berührungsangst auf einem Lastwagen auf denkbar schlechten Straßen in viele Yoruba-Städte und bemüht sich, in allen möglichen Bildungsnotwendigkeiten nachzuhelfen.

„Wir beide erhofften uns Nigerias politische Unabhängigkeit. Als sie dann 1960 kam, saßen in vielen Ämtern Ullis frühere Schüler, die ihrerseits ihm, als Gegenleistung, während der zweiten Hälfte der Unterrichtsstunde Fragen über traditionelles Leben und Denken beantwortet hatten. Heutzutage könnten sie es nicht mehr. Waren sie doch erst die erste Generation, die von der Tradition weggelockt worden war. Und er gab ihnen durch sein begeistertes Interesse Stolz und Einsicht in die ethischen Schönheiten ihrer Welt zurück", so die Künstlerin Susanne Wenger vierzig Jahre später in einem Interview.

Das Paar plant bereits, nach dieser Zeit von Ibadan und dem künstlichen Uni-Compound Reißaus zu nehmen. So geht es schon bald nachdem sich Susannes Zustand gebessert hat weiter nach Ede, wo Susanne bereits nach vier Tagen „Teil der Kultur“ ist, wie sie es formuliert.

Während nun ihre Krankheit ausheilt, versucht Susanne Wenger weiterhin, sich durch das Lesen anthropologischer Bücher ein umfassendes Bild der Yoruba-Kultur zu machen.

„Manchmal brachten Leute Gegenstände ins Haus zum verkaufen, und obwohl ich damals keine Ahnung hatte, was das war, spürte ich die ungeheure starke sakrale Ausstrahlung dieser Objekte. Wie ich da monatelang auf der Veranda lag, versuchte ich durch Bücher irgendwelche Einsichten zu bekommen. Ich entsinne mich noch, dass ich den Herskovits las; aber ich habe gemerkt – es stimmt nicht. Er hatte zwar brav das Material zusammengetragen, und man hat nervös darin herumgewühlt – aber gespürt hat man schon, dass der ein Spießer ist. Er ist ja auch einer von denen, die sich gegen mich ausgesprochen haben“, erinnert sich Wenger viele Jahre später.

Doch nicht nur das Lesen prägt Wengers Dasein; sie malt nach wie vor auf kleinen Sperrholzbrettchen Ölbilder, auf denen Menschen, Tiere und Götter und die Elemente Feuer, Wasser, Erde und Luft eine wichtige Rolle spielen. „Die Mythen sämtlicher Völker und Zeiten“, sagt Ulli Beier später über diese Arbeiten „vermischten sich in diesen ‚Holztafelbildchen‘ zu einem wilden Epos von Schöpfung, Tod, Opfer und Wiedergeburt.“[14]

14 Vgl. https://susannewengerfoundation.at/de/grenzueberschreitungen-0, Stand vom 10. April 2019.

9. Krankheit ist Wachstum – die Initiation

Nach einer Europareise verlassen Susanne Wenger und Ulli Beier 1952 den „Compound" der Universität Ibadan und mieten ein Haus in der Kleinstadt Ede, mitten im Regenwald, damals ein Ort, wo die traditionellen unverfälschten Yoruba-Kulte noch existieren. Dazu äußert Susanne Wenger sich viele Jahre später folgendermaßen:

„Wir wollten dann von Ibadan und dem künstlichen Universitäts Compound weg und sind in Ede gelandet, wo ich nach vier Tagen bereits Teil der Kultur war. Diese alten Leute, die mich vor allem faszinierten, haben schon vorausgewusst, was ich mal machen werde. Die Liebe, die zwischen diesen meinen ersten rituellen Müttern und Vätern und mir sofort da war, ist ein Phänomen von tiefster Bedeutung. Sie „erinnerten voraus", was ich noch gar nicht wusste und in vier Jahren Ede, vier Jahren Ilobu und dann Oshogbo schaffen würde."[15]

Doch noch hat Susanne Wenger schwierige Tage. Sie kann sich von den Psychosen der „Pneumothoraxzeit" nur mühsam befreien, gleichzeitig aber öffnen ihr diese das Tor zu einem neuen Raum ihres Bewusstseins. Angezogen durch den tiefen Ton der Igbin – Trommeln, die im Morgengrauen ertönen – wohnt sie immer öfter den Ritualen der Menschen bei. „Das Obatalaritual wird ja hauptsächlich im Morgengrauen gemacht, da steigt der Gott aus der metaphysischen Dimension in die irdische herab", erzählt Wenger später in einem Interview.

Die Stadt selbst wird in dieser Zeit von einem König regiert, der sich „der Timi" nennt. Dieser Timi von Ede ist Nachfahre eines berühmten Kriegers, der vor etwa vierhundert Jahren die Stadt Ede gegründet und sich zum König gemacht hat. Außerdem ist er der erste Herrscher, der eine Schule besucht hat – er lebte vom Beruf als Apo-

15 Vgl. Ulli Beier (Hg.), Neue Kunst in Afrika, Berlin 1980.

theker, bevor man ihn zum König wählte. Zwar gehört der Timi dem christlichen Glauben an, dennoch will er seine traditionellen Pflichten als Yoruba-König richtig erfüllen und lässt somit alle Religionen gelten. Er geht zur Kirche, in die Moschee und er feiert alle Feste der alten Yoruba-Götter, genauso wie es seine Vorfahren gemacht haben. Bei seiner alten Tante Iya Sango handelt es sich außerdem um eine der wichtigen Priesterinnen des Donnergottes. In den letzten Jahren ihres Lebens ist diese eng mit Susanne Wenger befreundet, und sie ist es auch, die die Künstlerin in die Ogboni-Gesellschaft initiiert. Später formuliert es Susanne Wenger so: „Die Ogboni haben mich sofort verschluckt!“[16]

Was den Begriff Ogboni betrifft, so muss hier kurz ausgeholt werden: Bei diesem handelt es sich um einen Erdkult, der möglicherweise auf die Urbevölkerung des Landes zurückgeht: Als die Yoruba, von Norden über den Niger kommend, vor tausend Jahren in ihr heutiges Gebiet einwandern, gründeten sie ihre mit Lehmmauern befestigten Städte in den Wäldern und Savannen, die schon von einer Urbevölkerung bewohnt waren. Sie haben diese Völker erfolgreich in ihre Städte integriert, und deren Häuptlinge oder Könige bekamen wichtige Funktionen als Priester. Die Eroberer erkannten, dass sie in ihren neuen Städten nur leben konnten, wenn sie ein harmonisches Verhältnis zur Erde herstellten. Aber um die Geheimnisse der einheimischen Natur und Vegetation wusste nur die Urbevölkerung. Sie machte sich unentbehrlich, indem sie zunächst die Riten völlig geheim hielt. Mit fortschreitender Integration beider Völker gelang es den Yoruba jedoch, in den Geheimbund einzudringen. Bald wurden alle wichtigen Priester und Häuptlinge der Yoruba Mitglieder dieses Kultes, so dass die Versammlungen im Ogboni-Haus einer alternativen Regierung glichen. Der Ogboni-Bund bildete daraufhin schon bald ein Gegenwicht zum König; er war über das ganze Land verbreitet, und die Mitgliedschaft in diesem Bund verschaffte sofort Zutritt zu den Ogboni-Häusern in allen Städten.

Susanne Wenger tritt also diesem Kult bei und befindet sich sehr bald im Mittelpunkt des rituellen Lebens. Hier lernt sie alle wichtigen Vertreter der Yoruba-Kulte kennen und kann sich deren Techniken aneignen. Yoruba wissen, dass das Göttliche sich auf verschiedenste Weise manifestieren kann, wobei sowohl Bäume als auch Tiere, Flüsse, Fel-

16 Vgl. Gespräch mit Ulli Beier, Stand vom 10. April 2019.

sen und Menschen einem Orisha[17] als Medium dienen können. Für die Yoruba ist Orisha mit und in all ihren verschiedenartigen Temperamenten die Summe aller Teilaspekte einer einzigen göttlichen Kraft. Laut ihres Konzeptes kann der Mensch nur dann ein sinnvolles Leben führen, wenn er im Einklang mit dem eigenen Temperament gemäßen Orisha lebt. Kein heiliges Buch reguliert die Beziehung zwischen Gott und Mensch – diese muss täglich neu erarbeitet werden. Durch das Kolanuss-Orakel, das sowohl der Babálawo (Schamane), wie auch der einfache Bauer jeden Tag an seinem eigenen Altar ausführt, tastet man an den Gott heran, setzt sich mit ihm auseinander und räumt kleine Unstimmigkeiten durch Opfergaben aus dem Weg. Wie in einer Ehe darf keiner der beiden Partner die Liebe des anderen als Selbstverständlichkeit voraussetzen. Die ununterbrochene Beschäftigung mit dem Orisha sowie das „fast pausenlose Ritual" erfordern viel Kraft und Integrität, gleichzeitig bereichern sie das Leben des Menschen in dem Maße, in dem er an dem Verhältnis zu seinem Gott arbeitet.

In Ede also erholt Susanne Wenger sich langsam von der schweren Krankheit und gelangt in den Bannkreis des besonderen Schamanen Ajagemo. Mit Hilfe eines jugendlichen „Hausboys" namens Bakari gelingt es ihr zunächst, Kontakt mit den Leuten in Ede aufzunehmen. Bakari Gbadamosi, dieser „Hausboy", wird sich später noch zum hoch geschätzten Dichter und Bearbeiter der bis dahin nicht schriftlich niedergelegten „Oriki" – der tabu-beladenen Weisheitssprüche und Ritual-Balladen der Yoruba – entwickeln, womit er der Erste sein wird, der diese Balladen in eine schriftliche Form bringt. Jetzt aber ist er ein junger Mann, der Wenger in ihrem Alltag unterstützt. So lernt Susanne Wenger langsam von den Kontakten, die sie in Ede knüpft. Die Anhänger der Yoruba-Tradition sind dabei ihre wichtigsten Lehrer. Sie scheinen zu wissen, dass das Göttliche sich auf verschiedenste Weise manifestieren kann, dass Bäume, Tiere, Flüsse, Felsen und Menschen nur Gefäße sind, in die sich die göttliche Kraft hineingießt, so man sie lässt. Ein Yoru-

17 Vgl. Göttin = Orisha / Als Orishas (*Orisa*; portugiesisch *Orixá*; spanisch *Oricha*; Yoruba: *Òrìṣà*) werden die Götter in der Religion der Yoruba und in den darauf beruhenden afroamerikanischen Religionen wie der kubanischen Santería und dem brasilianischen Candomblé und der Umbanda bezeichnet. Olodumarè (Yoruba: O-lo-dù-ma-rè), auch als „Allmächtiger" bekannt, ist eine der drei Erscheinungsformen des Höchsten Gottes oder des Höchsten Wesens im Yoruba-Pantheon. Olodumare ist der Höchste Schöpfer.

ba bezeichnet solch einen Menschen, der sich zum Behälter des Gottes macht, als Medium eines Orisha – wobei die Übersetzung „Gott" in Bezug auf Orisha unzulänglich bleibt. Denn in der Tradition der Yoruba verkörpern diese Wesen mit ihren verschiedenartigen Temperamenten alle Teilaspekte einer einzigen göttlichen Kraft. Eine tiefe Weisheit prägt die Tradition dieses Volkes: Ja, die Yoruba wissen laut Susanne Wenger, dass die Menschen nur dann ein sinnvolles Leben führen können, wenn sie im Einklang mit dem ihrem eigenen Temperament gemäßen Orisha leben. Im Gegensatz zu den Christen besitzen die Orisha keine Bibel, man befindet sich in konstantem Dialog mit den göttlichen Kräften. Dafür dient auch das Kolanuss–Orakel, das jeder Mensch jeden Tag an seinem eigenen Altar ausführt: Die Schalen einer Kokosnuss werden in die Höhe geworfen, wobei die Anordnung dieser nach dem Wurf hilft, mit dem Göttlichen in Kontakt zu treten. So setzen die Befrager sich mit ihrem Schöpfer auseinander. Sollte es Unstimmigkeiten geben, werden diese durch Opfergaben wie Früchte, Blumen, Weihwasser, Alkohol oder Süßigkeiten aus dem Weg geräumt. Wie in einer Beziehung dürfen weder Menschen noch Götter die Liebe des anderen als Selbstverständlichkeit voraussetzen – um die Götter muss geworben, mit ihnen muss geteilt werden.

Äußerst schwierig und gleichzeitig sehr ekstatisch wird das Leben für den, der auserkoren ist, den Gott „zu tragen" und zu „verkörpern". So berichtet Susanne Wenger auch viele Jahre später in ihren Texten. „Die Initiation eines Priesters stellt eine Belastungsprobe für den menschlichen Geist dar, an der ein Unvorbereiteter zerbrechen kann", weiß sie, geprägt von Abbrüchen, Krieg und Krankheit, Bescheid. Zu diesem Zeitpunkt jedoch scheint Susanne Wenger bereit für die letzte aller Belastungsproben: Sie trifft auf den Obatala-Priester Ajagemo. Und das genau in jenen Tagen, in der die Yoruba-Religion von allen Seiten bedrängt und bedroht wird. Die erste Begegnung ereignet sich folgendermaßen: Eines Tages geht Wenger vor Morgengrauen den wuchtigen Klängen der Igbin-Trommeln nach, die sie von ihrem Haus in Ede an jedem vierten Tag hören konnte. Sie kommt in den Hof eines niedrigen Lehmhauses, in dem eine Gruppe von alten Frauen tanzt. Ein hagerer Mann tritt zwischen den breiten niedrigen Lehmsäulen des Porticos hervor, nimmt sie bei der Hand und führt sie in das Innere des Schreins, einer heiligen Stätte der Yoruba. Sofort erkennen beide, dass es sich hier um keine zufällige oder beiläufige Begegnung handelt. Da Susanne Wenger zu dieser Zeit noch kein Yoruba spricht, kann nichts erklärt, diskutiert oder geplant werden.

Dennoch: Susanne Wenger findet nichts Befremdendes oder Unverständliches in dem Ritual des Obatala-Kultes. Als ob sie alles aus einer früheren Existenz bereits kennt, fügt sie sich mühelos in die Gesellschaft ein und erstaunt die anderen Frauen durch ihr überraschendes rituelles Wissen. Der leitende Schamane Ajagemo akzeptiert sie sofort und gliedert sie in die Gemeinde ein, als hätte er sein ganzes Leben lang auf sie gewartet. Journalisten, die Jahre später über diese Ereignisse in meist sensationslustiger Weise berichteten, fragen immer wieder, wie es denn möglich gewesen sei, dass eine in sich geschlossene Kultur einen „Fremden" so mühelos habe eingliedern können. Dazu muss man wissen, dass Susanne Wenger durch ihre jahrelange Beschäftigung mit Mythen und Schamanen anderer Völker die gelebte Yoruba-Mythologie auf einer Ebene begriff, die sie „interhumanitär" nennt. Unter den vielen kulturell bedingten, religiösen Erscheinungsformen, erklärt sie in ihren Interviews, finden sich allgemeingültige Symbole, die in allen Kulturen vertreten sind.

Ebenso wichtig aber ist die Tatsache, dass die Yoruba von jeher eine besonders tolerante Kultur ist, die alles Fremde und Andersartige nie unterdrückt, sondern eingliedert, da sie es als Bereicherung des eigenen Lebens empfindet. Auch vertreten die Yoruba keine dogmatische Gottesvorstellung: Sie erlauben unterschiedliche Interpretationen von einem Orisha; denn wenn der Gott sich nur durch ein menschliches Wesen manifestieren kann, dann muss die starke Persönlichkeit eines Menschen sich auch auf den Gott auswirken!

10. Ajagemo

So also ereignet sich die Begegnung zwischen Susanne Wenger und dem Priester Ajagemo, und das zu einer Zeit, da die Yoruba Religion von allen Seiten bedrängt und bedroht wird. Der Ajagemo ahnt wohl, dass ihm kein Priester gleichen Formats nachfolgen würde – und eben dieses Wissen um den drohenden Untergang einer großartigen Kultur verleiht dem Schamanen tragische Größe, Weisheit und fast übermenschliche Intuition.

Bei jedem Fest nun wird Ajagemo, der seine „Rolle" ja nicht spielt sondern lebt, trauriger und in sich zurückgezogener. Uralte Mythen erwachen zum Leben, während die spirituellen Energien der traditionellen Yoruba durch dieses Ritual wieder aufgeladen werden. Bei den Zeremonien wird der Priester normalerweise durch die kollektive Konzentration und Energie der Gemeinde emotional gestützt. Ajagemo aber muss in diesen Zeiten erleben, dass die Zahl seiner Begleiter nach und nach schrumpft und die großartigen alten Leute, die er von Kindheitstagen an kennt, langsam wegsterben, während eine junge Generation in ihrer „Schulweisheit" immer oberflächlicher und zynischer wird. Jedes Jahr also benötigt der Priester mehr eigene Kraft, um das Fest überhaupt noch durchführen zu können. Susanne Wenger berichtet in einem ihrer Interviews folgendermaßen über das Ritual: „Beim alljährlichen Obatalafest musste im Königspalast ein altes ‚Passionsspiel' aufgeführt werden, in dem ein Krieg durch Tanz dargestellt wird, der mit der Gefangennahme des Ajagemo endet. Er wird dann vor den König geschleppt, der ihn – anders als Pontius Pilatus in jener anderen Passion – nicht zum Tode verurteilt, sondern freikauft.

Ich habe dieses Fest jahrelang immer wieder miterlebt. Bei jedem Fest wurde der Ajagemo, der seine ‚Rolle' ja nicht gespielt, sondern gelebt hat, tragischer und vergeistigter."

Weiters erzählt Wenger, wie in den Ritualen uralte Mythen erneut zum Leben erwachen, die geistige Energie des Yoruba sich erneut aufladen kann, und zwar allein durch das „Gefäß“ Ajagemo, der diese Praktiken leitet – „Durch diesen unglaublichen Menschen, der in diesen Augenblicken wirklich zum Gott wurde“ – heißt es bei Wenger über Wenger. Und sie beschließt, selbst auch diesen Weg zu gehen.

Zweifellos bedeutet das Erscheinen von Susanne Wenger eine wesentliche Stärkung der Position Ajagemos: nicht nur, weil der König ihr aufgrund ihrer Herkunft einen gewissen Respekt zollt, sondern vor allem, weil sie ihre eigene geistige Energie vollkommen in ihre Rituale einfließen lässt. Ajagemo scheint von Anfang an entschlossen, Susanne Wenger in die Mysterien des Kultes einzuweihen und sie zu einer wahren Olorisha zu machen.

„Dieser Priester brachte mich gleich in Situationen, in denen ich nicht erst lernen konnte, sondern die ich meistern musste. Lange bevor ich es ahnte, hat er schon gewußt, was ich machen würde. Er legte mir gleich große Verantwortungen auf, weil er spürte, daß ich von Natur aus begabt war,“[18], sagt Susanne Wenger später in einem Interview. Was nun einsetzt, ist ein jahrelanger, psychisch wie physisch extrem belastender Initiations-Prozess, aus dem Wenger als Olorisha, einer Gottheit – also einer Orisha-zugehörige Person hervorgegangen sein mag. Dies stellte gleichzeitig eine existentielle Krise für sie dar, wie sie später erzählt; „Ajagemo, dieser Vulkan, (...) hatte religiöse Potenzen in mir abgelagert wie in einem Altarobjekt.“[19] Ihr ritueller Name lautete fortan „Adunni Olorisha“. Ajagemo ist hart und klar zu Wenger. Ob er weiß, was er da von ihr verlangt, bleibt bis heute unaufgeklärt. Kann der Schamanenpriester ahnen, um wie viel schwerer eine solche Initiation für einen Außenseiter ist? Ist er sich der Tatsache bewusst, dass dieser geistige Prozess für Susanne Wenger durchaus gefährlich werden konnte? Die Künstlerin jedenfalls wird von den Erfahrungen dieser Jahre bis zu ihrem Tod nur in Andeutungen reden.

Susanne Wenger also lernt von Ajagemo, und sie befasst sich mit den Kulten und Techniken der Yoruba. Was den Kern der Yoruba-Religion betrifft, so unterscheidet sich dieser dezidiert von dem des von

18 Vgl. Gert Chesi, Afrika. Die Magier der Erde. Salzburg, Studienverlag 2010. S. 15.

19 Vgl. www.susannewengerfoundation.at, Stand vom 19. April 2019.

Wenger sehr zwiegespalten aufgefassten Christentums. Basis ist hier nicht die alltägliche Moral, denn die sozialen Beziehungen zwischen den Menschen zu ordnen ist Angelegenheit der Ahnen und nicht der Götter. Initiation, Ritual und Trance der Yoruba-Religion dienen indes dazu, die Grenzen zwischen der diesseitigen und jenseitigen Welt blitzartig zu durchbrechen und eine Brücke zwischen den Dimensionen herzustellen.

So erklärt die Künstlerin in einem Gespräch: „Durch die Trance werden die Grenzen der menschlichen Existenz für einen kurzen Moment überschritten. Der Mensch verschafft sich durch diese kühne Grenzüberschreitung die Gewissheit, dass er Teil des schöpferischen Prozesses ist, dass er ein Teil von Gott ist. Und darauf beruht sein Stolz, dass er imstande ist, mehr als ein Mensch zu sein, und darin sieht er seine Größe, dass er den Mut hat, die natürlichen Grenzen seiner Natur zu durchbrechen. Die Trance ist wie eine Invasion von menschlichen Wesen in den Bereich, der normalerweise den Göttern gehört. Von diesen kurzen Streifzügen kehren sie mit göttlicher Energie zurück..."

Viele Jahre später wird Wenger in einem Gespräch mit Ulli Beier auch folgendermaßen über diese Phase ihres Lebens reflektieren: „Da sind Dinge vor sich gegangen, von denen ich vorher nichts ahnen konnte. Ich wusste natürlich nicht, dass eine so schwere Initiation auf dieser ganz intensiven Ebene zehn Jahre dauern würde ... Wie Du weißt, wollte ich während dieser zehn Jahre keinen Besuch sehen, ich meine keinen Oyimbo (Weißer/Fremder). Und das hat mir nicht der Ajagemo suggeriert, das war schon der Orisha selbst. Nun war der Ajagemo auch nur ein Mensch und nicht der Orisha selber, obwohl er wie ein Guru die Rolle des Gottes spielen musste. Und da passierte es ihm, dass er angesichts meiner totalen rituellen Begabung – ich habe einfach alles begriffen und richtiggemacht, auch innerlich richtig – einfach unterschätzt hat, was das für eine Forderung war, auf welches Risiko ich mich da einlassen musste", erklärt Wenger und fügt hinzu: „Es geschieht einfach. Wer lenkt denn die Sonne?"[20]

So gibt sich Susanne Wenger also nach und nach dem Prozess der Initiation hin. Ajagemo scheint zu ahnen, dass ihm kein Priester gleichen Formats nachfolgen würde. Eben dieses Wissen um den drohen-

20 Vgl. Gespräch mit Ulli Beier, Stand vom 10. April 2019.

den Untergang einer großartigen Kultur verleiht ihm eine ungeheure Kraft und menschliche Größe. Er ist ein Mann, den tiefe Weisheit und fast übermenschliche Intuition auszeichnen – und Wenger beginnt, von ihm zu lernen.

Die nächste Zeit in Wengers Leben gestaltet sich ruhelos: In den folgenden Jahren kann sie ihr geistiges Gleichgewicht nur dadurch aufrechterhalten, dass sie das religiöse Erlebnis, das „metaphysische Abenteuer“, immer sofort in schöpferische Tätigkeit umsetzt. Wenger also malt und malt. Die Ölbilder, die sie in diesen Jahren produziert, zeugen von einer fast unerträglichen Intensität. Sie stellen energiegeladene Rituale dar und manifestieren sich, mit einer beinahe wilden Spachteltechnik ausgeführt, in düster leuchtenden Farben. In diesen Bildern lassen sich die seelischen Spannungen jener Tage deutlich ablesen. Die Initiation, die sich über Jahre erstreckt, wird zwar nicht – wie das früher einmal der Fall war – in der totalen Abgeschiedenheit eines Initiations-Hauses vollzogen, doch muss Susanne Wenger jahrelang in einer geistigen und seelischen Isolation leben. Europäische Besucher empfängt die Künstlerin in dieser Zeit praktisch nicht mehr.

Susanne Wenger selbst spricht in den Interviews nur in Andeutungen über diese sie bis an die Grenzen ihrer geistigen und körperlichen Kräfte belastenden Begebenheiten der damaligen Jahre, denn sie erklärt, dass man diese Phänomene nicht zerreden darf. Sie sind zu nahe am Leben und über sie zu sprechen sei ein Tabu. „Ein Tabu, das in sich ruht. (…)“, schreibt Wenger viele Jahre später. „Das sind Grenzgebiete zwischen dem physischen und dem metaphysischen oder dem intellektuellen Bewusstsein und dem meta-intellektuellen Bewusstsein. Und diese Überschreitungen, die ein wesentlicher Inhalt der Yoruba-Religion sind, stehen schon von Natur aus unter Tabu. Im Rahmen der Yoruba-Kultur und -Religion ist das Tabu eine ungeheuer starke Kraft, gegen die man nicht verstößt, solange man einbezogen ist. Diese primären Wahrheiten sind existentiell wichtiger als alles, was man über sie sagen könnte, da sie sich in den Erfahrungsreservoirs der Sprache – räumlich früher als das Wort – abspielen.“ In Hinkunft jedenfalls lernt Susanne Wenger von den Yoruba. Eine wichtige Technik, die sie sich in diesen Tagen aneignet, ist die der Trance, in der die Grenzen der menschlichen Existenz für einen kurzen Moment überschritten werden. Durch die waghalsige Grenzüberschreitung begreift der Mensch erneut, dass er Teil des schöpferischen Prozesses, Teil Gottes und des Universums ist. „Und darauf beruht sein Stolz, dass er imstande ist, mehr als ein Mensch zu sein, und darin sieht er seine Größe, dass er den Mut hat, die natürlichen Grenzen seiner Natur zu durchbrechen“, erläutert Susanne Wenger in einem Gespräch. Sie beschreibt den Zustand der Trance als eine Art Invasion menschlicher Wesen in einen Bereich, in den normalerweise nur Götter vordringen könnten. Von diesen Streifzügen kehre sie, so Wenger, stets mit göttlicher Beute zurück. Nachdem der Shonponna- und Obatala-Priester Ajagemo bei einer der ersten Sitzungen sein Orakel befragt hat, sagte er voraus, dass Susanne Wenger später die wichtigen heiligen Lehmschreine wiederaufbauen sollte, die damals schon vom Untergang bedroht waren. „Der Ajagemo hatan meine Mission geglaubt“, berichtet Susanne Wenger, „er wusste, dass durch mich Orisha in einer ganz veränderten Form eine Überlebenschance hatte.“

Eine zentrale und wichtige Götterfigur in Wengers Leben wird in den folgenden Jahren auch der weiße Schöpfergott Obatala, dessen Oberpriester und Repräsentant Ajagemo ist. Bei Obatala handelt es sich in der Yoruba–Tradition um den Gott der transzendenten Zeugung, die der körperlichen prägenetisch vorausgeht. Diesem ist die Fähigkeit eigen, mit feinstofflichen Mitteln die Materie zu bestimmen. Die Krafttiere, welche man ihm in der Tradition zuordnet, sind die des weißen Elefantenbullen und der Pythonschlange. Diese beiden Wesen spielen in den Arbeiten Susanne Wengers bis ins hohe Alter eine zentrale Rolle; sie treten sowohl als Symbole der metaphysischen und metapsychologischen Lichtphänomene als auch als Personifikation des transzendenten Lichtes und als Buddah-Figuren auf.

„Weiß ist die Summe aller Farben im Licht“, erklärt Wenger in ihren Schriften, „Durch die Teilnahme an den Ritualen, damals war ich der Yoruba-Sprache noch nicht mächtig, drang ich, gleichsam durch die Haut begreifend, plötzlich – schockartig – tief in die Geheimnisse der Orisha-Religion und wurde durch den Hohepriester Ajagemo eingeweiht.“ Ajagemo glaubt bis zuletzt an die Mission seiner auserwählten Nachfolgerin; er ist sich dessen bewusst, dass die Orisha Religion durch sie in einer ganz veränderten Form eine Überlebenschance hat. Als der weise Mann schließlich im Sterben liegt, scheint er von einer großen Depression befallen. Fast mutet es an, als hätte er auf einmal alle Hoffnung verloren, als sähe er sich nun tatsächlich als den letzten Ajagemo. Damals hegt Ajagemo den Wunsch, Susanne Wenger in den Tod „mitzunehmen“ – ein Akt, der in der Yoruba-Kultur oft vollzogen wird. Denn dieser braucht in afrikanischer Tradition keine rein physische Ursache zu haben: Er kann durch geistige Kräfte, durch einen „seelischen Beschluss“, herbeigeführt werden. Es kommt zu einer letzten Begegnung, an die sich Susanne Wenger folgender Maßen erinnert:

„Da kam der Ajagemo angerannt und hat gesagt: ‚Spiel mir keinen bösen Streich, ich bin noch nicht fertig‘, – das heißt, dass er einen gemeinsamen Tod wollte. Später, als er dann selbst im Sterben lag, weil er einen Gehirntumor hatte, ging ich zu ihm nach Ede. Aber nach ein paar Tagen hat der blinde Sonponna Priester, der mich genauso geliebt hat wie der Ajagemo, den Bakari Gbadamoshi zu mir geschickt und hat gesagt: ‚Du musst sofort weg von hier ... du bist in großer Gefahr.‘ Und als wir uns von Baba Sonponna verabschiedet haben, sagte er: ‚Du musst jetzt etwas aufschreiben.‘ Er hatte mir vorher schon einmal eine Inkarnation beigebracht, die vor Zauberei schützte und anderen negativen telepathischen Einflüssen. Ich hatte die Formel noch im Kopf, aber er fing an Bakari die Worte zu diktieren. Ich sagte zu ihm: ‚Baba, du brauchst es ihm nicht zu diktieren, der Bakari hat ein sehr gutes Gedächtnis.‘ Aber er antwortete: ‚Nein, du musst es aufschreiben.‘ Vielleicht hat er, wie manche alten Leute, einen Zauber im Vorgang des Schreibens selbst vermutet. Jedenfalls hat Bakari es aufgeschrieben, und als ich in Oshogbo ankam und meine Bücher auspackte und ins Regal stellte, da hab ich den Zettel zusammengefaltet und in eins der Bücher gesteckt. Nachts hatte ich dann einen sehr dramatischen Traum: ich befand mich in meinem alten Haus in Ede, und dieses kleine Flüsschen vor dem Haus, das nur in Regenzeiten ein bisschen Wasser führt, war zu einem reißenden Strom geworden. Ob das nun der Osun war, der bald darauf eine so wichtige Rolle in meinem Leben spielte, weiß ich nicht. Da war eine riesige Wand von riesigen Edan, und diese Bronzefiguren haben so geschwankt, dass die Gefahr bestand, sie könnten auf mich fallen oder in den Fluss stürzen. Die Edan[21] haben mir dann befohlen, dass ich endgültig aus Ede wegmüsse (obwohl ich die Stadt doch schon verlassen hatte). Dann wurde ich mit Stöcken geprügelt, aber ich konnte nicht sehen, von wem. Jedenfalls bin ich aufgewacht und war voller

21 Edan = Magische Figuren aus Bronze

blauer Flecken; und der Zettel mit der Inkantation war in winzige Fetzen gerissen und im ganzen Zimmer verstreut! So haben die Agbalagbas[22] die Gefahr endgültig von mir abgewendet, weil ich eben nicht mit dem Ajagemo zusammen sterben sollte. Ich sollte eben genau die Aufgabe erfüllen, gegen die Herskovits war."[23]

Susanne Wenger also möchte am Leben bleiben – und so sind die nächsten Jahre geprägt von Kampf, Aufbruch und Ringen.[24]

22 Agbalagba = ehrwürdige ältere Leute

23 Vgl. Interview mit Ulli Beier

24 Vgl. https://susannewengerfoundation.at/de/grenzueberschreitungen, Stand vom 10. April 2019.

11. Abgründe und Aufbrüche

Susanne Wenger findet also, noch mit dem inneren Wachstumsprozess ringend, einen Platz inmitten Afrikas, der offensichtlich schicksalhaft auf sie gewartet hat, einen Platz, der ihr allen Befürchtungen zum Trotz Selbstfindung und Selbstverwirklichung erlaubt. Aber noch ist es nicht so weit. Die nächsten Jahre sind geprägt von Kämpfen um die Existenz.

In dieser Zeit erhält Nigeria nun die Unabhängigkeit auf der Grundlage einer föderalen Verfassung. Jetzt haben drei große Bundesstaaten eine schwache Zentralregierung über sich. Bis 1966 regiert Premierminister Sir Tafawa Balewa das Land, während Präsident Benjamin Nnamdi Azikiwenur zeremonielle Funktionen inne hat. Es kommt jedoch weiterhin zu zahlreichen inneren Unruhen, Wahlmanipulationen und Gewaltausbrüchen. So übernimmt im Jahr 1966 das Militär unter General Johnson Aguiyi-Ironsi die Macht. Man geht dazu über, die einzelnen Regionen aufzulösen und durch zwölf Bundesstaaten zu ersetzen. Schließlich wird General Ironsi ermordet; danach beendet der Militärdiktator General Yakubu Gowon die Erste Republik, was den Biafra-Krieg zur Folge hat. Stürmische Zeiten also. Erst im Januar 1970 nämlich endet das schreckliche Wüten mit der Kapitulation Biafras. Doch nicht nur in der äußeren Welt geht es bewegt zu. Auch das seelische Leben Wengers befindet sich nicht im Gleichgewicht. Die Last, die der große Lehrer Ajagemo ihr aufzubürden versucht, scheint zu groß zu sein: Susanne Wenger gelingt es in diesen Jahren nicht, Frieden zu finden; Konzentrationslosigkeit, Depression, Unruhe prägen ihr Dasein, begleitet von einer schwachen physischen Konstitution. So verlässt die Künstlerin im Jahr 1952 „ihr“ Ede und den „großen, vergeistigten Lehrmeister Ajagemo“, dessen Kräften und Initiationen sie sich „bis tief, tief ins Innerste“ ausgesetzt hat. Psychisch und physisch schwer beeinträchtigt versucht Susanne Wenger, in einem Haus in den Bergen, in welches Ulli Beier sie gebracht hat, wieder ihren inneren Frieden herzustellen. Fast wie in der Grazer Zeit lebt sie da zurückgezogen in der Natur, getragen von der Einsamkeit der Felsen und ringt nach Distanzierung von den aufwühlenden Ereignissen in Ede. Nur einige Wochen später ist Susanne Wenger soweit wiederhergestellt, dass sie in ein Haus im Yoruba-Dorf Ilobu ziehen kann. Dort sind ihr bereits alle Priester bekannt – und Susanne Wenger findet rasch Anschluss. Nur mehr selten nimmt sie an den allzu aufwühlenden Ritualen Ajagemos in Ede teil; dafür integrierte sich Susanne Wenger stärker in das soziale Leben der Yoruba[25] und kommt dabei mit anderen wichtigen Repräsentanten der Yoruba-Kulte in Verbindung. So initiiert sie eine Tante des Stadtkönigs Timi von Ede in die Geheimgesellschaft Ogboni[26], die den Kult der allmächtigen Mutter Erde ausübt. Als „Ordnungshüter" in den Yoruba-Städten und -Kulten ist den Ogboni auch ein politischer Flügel zugeordnet, der es sich zur Aufgabe gemacht hat, den Kampf um die Befreiung von der Kolonialmacht Großbritannien bis zur Unabhängigkeit 1963 mit zu organisieren. Schon bald schließt sich Susanne Wenger der Bewegung an und ist fortan durch ihren Einsatz für die traditionelle Yoruba-Religion[27] involviert. Doch das hat Konsequenzen: Kurz darauf nämlich, während des Biafra–Krieges, entsteht im Yoruba-Territorium ein heftiger Bürgerkrieg. Susanne Wenger muss fliehen und lebt einige Zeit im Exil. Doch nach ein paar Monaten gelingt es, unter dem Schutz des Ogboni-Bundes zurückkehren – Susanne Wenger kann nun ihrerseits Verfolgte in ihrem Haus aufnehmen, das inzwischen durch den Spruch der Oberpriester der Kulte von Oshogbo für „exterritorial" er-

25 Yoruba = nur in Nigeria 41,6 Millionen.

26 Ogboni = die mächtige Geheimgesellschaft des Kultes der Erde. Der *Ogboni Schrein* in den „Sacred Osun Groves of Osogbo" ist eines der Hauptwerke von Susanne Wenger.

27 Die Religion der Yoruba wird hauptsächlich in Teilen Nigerias und des angrenzenden Benins praktiziert. Sie ist auch der Ursprung einer ganzen Reihe religiöser Traditionen, die heute hauptsächlich in verschiedenen Ländern Amerikas ausgeübt werden. Mit über 100 Millionen Praktizierenden gilt die Yoruba Religion als eine der größten Weltanschauungen unserer Zeit. Die Religion des Yorubavolkes hat ihre Wurzeln in Westafrika – über den transatlantischen Sklavenhandel hat sich die Religion dann in der Karibik und in Lateinamerika verbreitet. Was viele Menschen heutzutage zum Beispiel als jamaikanischen „Voodoo" kennen und als Hexenwerk abtun, ist ein Ableger der Yoruba-Religion und eng verbunden mit den ursprünglichen westafrikanischen Bräuchen der Yoruba – so heißt auch die westafrikanische Volksgruppe, von der der Glaube ursprünglich stammt.

klärt worden ist. Und trotzdem floriert auch Wengers Kunst weiterhin. Der künstlerische Akt scheint bei der Selbstheilung zu helfen:

„In den folgenden Jahren konnte ich", sagt Susanne Wenger später, „mein geistiges Gleichgewicht nur dadurch erhalten, dass ich die transzendenten Erlebnisse, das ‚metaphysische Abenteuer', immer sofort in schöpferische Tätigkeit umsetzte." Eine neue Phase beginnt: Die Ölbilder, die Susanne Wenger ab 1955 erarbeitet, sind von noch höherer Intensität und leuchten im Gegensatz zu denen, die sie in der „grauen Phase" gemalt hat, in den intensivsten Farben. Mit einer beinahe wilden Spachteltechnik gestaltet stellen sie energiegeladene Rituale dar, auch wenn Wengers düsterer Schatten erhalten bleibt. Ohne Zweifel lässt sich in diesen Bildern die seelischen Spannungen jener Jahre deutlich ablesen.[28] Gleichzeitig aber schmecken sie nach Freiheit und Neubeginn.

Susanne Wenger lebt also zwei Jahre lang in Ilobu, und nach und nach beginnt sie, sich aus ihrer Isolation zu befreien, sie lernt die traditionelle Yoruba Adire Batik. Die Kunst erweist sich hier als immer treue Gefährtin und bringt Neuland. So wendet sich Susanne Wenger einer ihr noch unbekannten Technik zu: der Batik. Beim Malen muss sie sich so sehr konzentrieren, dass es notwendig ist, sich nach außen hin vollkommen abzuschließen: Susanne Wenger wird fortan nur noch in geschlossenen Räumen malen, und die Reaktion auf das Endprodukt lässt hier in Oshogbo natürlich zu wünschen übrig: Wenig können die Yoruba zunächst mit Wengers Kunst anfangen. Schon bald muss Susanne Wenger erkennen: Diese Ölbilder, so großartig sie auch sein mögen, kann man höchstens in Europa ausstellen – aber daran hat die Künstlerin vorerst weniger Interesse. Was das Fertigstellen einer Adire-Batik betrifft, so braucht Wenger sich nur eine kurze Zeit zurückziehen, während sie am Entwurf arbeitet. Dann aber folgt die Ausführung, die ein intensiver Prozess ist: Das Abdecken der Adire mit Kassava-Stärke (nach der traditionellen Yoruba-Methode) und das Färben mit Indigo benötigen Zeit und Raum. Bei dieser Arbeit aber, die oft wochenlang dauert, kann Susanne Wenger Besuche empfangen, Kinder in ihrer Umgebung spielen lassen, Bücher lesen und sich dem Haushalt widmen –

28 Vgl. https://susannewengerfoundation.at/de/grenzueberschreitungen, Stand vom 19. April 2019.

das Leben geht während dieser Phase also wieder ganz normal weiter. Das Indigofärben findet abgesehen davon ohnehin im Freien – also in der Öffentlichkeit – statt, da das Sonnenlicht den chemischen Prozess der Farben unterstützt. Die Menschen sehen Susanne Wenger inzwischen gerne bei ihren künstlerischen Prozessen zu, sie helfen auch mit, denn sie verstehen sich selbst auf diese Technik und freuen sich, dass sie da jemand aus dem fernen Europa verwendet – und noch dazu zu ganz neuen Zwecken! Zwar beurteilen die Yoruba Susanne Wengers Arbeiten wohlweislich nicht nach ästhetischen Kriterien, doch die Yoruba-Mythen, die besonders in der von Susanne Wenger selbst entwickelten Viel-Farben-Batik dargestellt werden, geben Anlass zu zahlreichen Palavern.[29] Fast alle diese archetypischen Erzählungen sind den Menschen dort bekannt – auch den Christen und Moslems – und sie unterhalten sich angeregt über die oft monumentalen Stoffe. Langsam stabilisiert sich Susanne Wengers Situation, und sie beginnt, in der neuen Welt zu wurzeln.

29 Palaver = endloses wortreiches Gerede oder Geschrei; nicht enden wollendes Verhandeln; Hin-und-her-Gerede.

12. Oshogbo

Im Jahre 1958 schließlich wird die Reise fortgesetzt: Susanne Wenger zieht nach Oshogbo. Äußerer Anlass dieses Umzugs ist nach außen hin nur das Vorhandensein eines großartigen „brasil-barocken“ Steinhauses, das ihr Platz für die vielen Kinder bietet, die sie in der Zwischenzeit adoptiert hat. Der wahre Grund aber ist sicher, dass ihr bis jetzt so spannungsreiches Leben die heilende Ruhe im heiligen Hain der Flussgöttin Oshun benötigt, die sie in dieser Zeit dringend notwendig hat – denn der Glaube an die Göttin stirbt offenbar aus.

Der Fluss Oshun schlängelt sich durch einen großen Teil des Yorubalandes, dennoch aber wirkt er nirgendwo so geheimnisvoll schön wie in Oshogbo, und nirgendwo sonst scheint sich demnach auch die Göttin Oshun – so man den Berichten der Yorubamythen glaubt – so wohl zu fühlen. Von der Gründung der Stadt an hat diese besondere Hüterin des Flusses die Geschichte Oshogbos beherrscht. Zu dem Fluss erzählt man sich, dass der erste Ataoja[30] einen Pakt mit der Göttin schloss: Sie versprach, seine Stadt zu schützen, wenn er ihren heiligen Hain am Fluss respektierte – und freilich willigte der Herrscher ein. Fortan durften in dieser Region keine Wohnhäuser und Farmen errichtet werden, und auch das Jagen von Wild und Fischen wurde bestraft. Nur den anderen Göttern und Schamanen war es erlaubt, in diesem Wald ihre Schreine zu bauen. Jedenfalls scheint die Göttin sich für diese Unterstützung redlich bedankt zu haben, denn die Stadt lag fortan in ihrem Schutz: Oshogbo ist auch in den Kriegen des 19. Jahrhunderts nicht zerstört worden! Stattdessen wurde die Stadt zur neuen Heimat für Tausende

30 Ataoja = der Stadtkönig und höchste Repräsentant der traditionellen Religion in Oshogbo.

von Flüchtlingen, die vom Norden her durch einfallende muslimische Armeen aus ihren Städten vertrieben worden waren.

Als Susanne Wenger nach Oshogbo kommt, regiert dort der Ataoja (König) Adenle, der zwar dem christlichen Glauben angehört, aber den Pakt mit der Göttin dennoch einigermaßen respektiert. Das jährliche Osun-Fest, bei dem er die Fische – die sogenannten Boten der Göttin – füttern muss, um den Pakt mit der Göttin zu erneuern, begeht er, wenn auch skeptisch, noch mit einer gewissen Würde. So ist die Region Oshogboland eine, in der Susanne Wenger sich halbwegs in Ruhe ihren Praktiken widmen kann. Entscheidend für ihr Leben in Oshogbo ist vor allem die Freundschaft mit Layi Olosun, einem der letzten großartigen Osun-Priester. Obwohl Susanne Wenger eine Priesterin des Schöpfergottes Obatala bleiben wird, entwickelt sie in diesen Jahren ein immer engeres menschliches Verhältnis zu den Osun-Priestern und dem heiligen Fluss selbst. Layi Olosun bringt nun erst eins, dann nach und nach alle seine Kinder in das Haus von Susanne Wenger. Er versteht sehr wohl, dass er seine Kinder nicht von den sozialen und kulturellen Veränderungen isolieren darf und sieht in der Europäerin die ideale Ziehmutter für sie. Ohne zumindest eine oberflächliche Kenntnis der westlichen Werte, die sich rapide und aggressiv im Lande ausbreiteten, würden sie im Leben keine Chance haben – soviel weiß Layi Olosun inzwischen. Andererseits aber graut ihm bei der Vorstellung, dass seine Kinder ohne Orisha und ihr kulturelles Erbe aufwachsen sollten. So sieht der Priester in Susanne Wenger die ideale Möglichkeit, seinen Kindern ein Leben zu bieten, in dem sie die sozialen und ethnischen Abgründe ihrer Zeit überbrücken können. Als Adoptivkinder Susanne Wengers würden die Kinder nun beide Aspekte des Lebens kennen lernen – und das Problem wäre gelöst. Susanne Wenger nimmt sich ihrer Adoptivkinder mit Leib und Seele an und bietet ihnen Heim und intellektuellen sowie emotionalen Nährboden, so gut sie kann. Einer ihrer Zöglinge, Sangodare, ist inzwischen auch bekannter Künstler geworden, während sich einige von ihnen auch in diesen schweren Zeiten zu Olorisas von großer Stärke und Integrität entwickelt haben.

Was das kreative Schaffen betrifft, so beginnt Susanne Wenger sich vermehrt einer neuen Technik zu widmen: Sie malt nun nicht mehr nur Ölbilder sondern auch Wachsbatiken. Die traditionelle Yoruba-Methode, das Adire, die Fläche mit Kassava-Stärke auszumalen, erlaubt dem Künstler nur einen einzigen Färbeprozess, denn wenn die Stärke trocknet, zerknüllt sie den Stoff, sodass sich keine weiteren Flächen mehr abdecken lassen. Wie vielfältig die Schattierungen des Indigofärbens auch sein mögen, sehnt sich Susanne Wenger dennoch nach so vielen Jahren monochromer Kunst wieder nach Farbe – die ideale Gelegenheit also, einen Neubeginn zu wagen! Bei der Wachsbatik bleibt der Stoff glatt, sodass sich beliebig viele Färbeprozesse durchführen lassen.

Und nun können auch die Yoruba von Wenger lernen: Hat sie zunächst die Herangehensweisen des afrikanischen Volkes gelernt, so führt sie nun diese ihre neue „westliche" Technik im Yorubaland ein und beeinflusst in ihrem Haus fortan etliche heute sehr bekannte Yorubakünstler. Der erfolgreichste unter ihnen – Sangodare – gestaltet in den 70er Jahren Wachsbatiken mit dreiundzwanzig Farben. Auch Susanne Wenger stellt bis zur Jahrtausendwende Wachsbatiken her, die sie gelegentlich sogar verkauft, um ihre Kinder zu ernähren und um ihre Arbeit am Fluss zu finanzieren. Später, von 1985 bis 2004, werden sie in ihren großen Ausstellungen in Europa gezeigt.

Dennoch: der Hauptteil ihre Arbeit in Osogbo dient den Göttern selbst: Susanne Wenger beschließt, die alten Schreine der Götter wiederaufzubauen.[31]

31 Vgl. https://susannewengerfoundation.at/de/biografische-skizzen, Stand vom 19. 9. 2019.

13. Sacred Groves

In den nächsten Jahren also entsteht in Oshogbo, einer Kleinstadt, die in etwa 250 km nordöstlich von Lagos liegt, eine neue Welt: Im Zentrum der Yoruba-Region in einem uralten Regenwald, der entlang des Oshun-Flusses läuft, beginnt Susanne Wenger das Hauptwerk ihres Lebens. Es handelt sich dabei um ein Gesamtkunstwerk monumentalen Ausmaßes: Eine Symbiose aus künstlerischen Formen wie Architektur, Plastik und Malerei sowie geistigen Ansätzen wie denen der Spiritualität, der Natur, der Kunst. Durch diese Schreine und Monumentalskulpturen, wobei es Susanne Wenger vor allem um die Wiederbelebung „der „Sacred Groves" geht, sollte sie weltweit bekannt werden. Doch das ist ein langer Weg, bedeutet harte Arbeit, unerbittlichen Glauben und den Drang, niemals aufzugeben: Wenger beginnt mit diesem künstlerischen Prozess 1958. In einem gigantischen Einsatz repariert sie die zerfallenden Schreine im heiligen Hain der Göttin Osun, erbaut nach und nach auch neue Schreine an den heiligen Stätten, setzt sich mit dem Material der Natur der Region, dem Holz, dem Erdboden, dem Lauf des Flusses auseinander – und taktet diese nach ihrer Intuition. Als sie aufgrund der Bitte des Priesters Layi Olosun 1957 beginnt ihm zu helfen, die zerfallenden Schreine am Fluss wiederaufzubauen, kann sie freilich kaum ahnen, was für eine einflussreiche künstlerische Bewegung sie damit auslösen würde. Layi Olosun geht es in dieser Zeit in erster Linie darum, die heiligen Haine vor – im Besonderen aus Amerika oder Europa stammenden – Bodenspekulanten und fanatischen Moslems, die das Gebiet für sich besiedeln wollen, zu bewahren. Denn immer wieder versucht man in dieser Zeit, die Bäume zu fällen, um den fruchtbaren Boden für kommerzielle Zwecke zu nutzen. Ein Teil des Waldes ist bereits in eine Teak-Plantage umgewandelt sowie schon eine Koranschule auf dem für die traditionelle Yorubakultur heiligen Grund errichtet worden. Seit Jahren kümmerten sich weder Jäger noch Fischer um die alten Tabus, die aus der Zeit der Ureinwohner herrühren. Angesichts dieser Tatsache scheint es fast unvermeidlich, dass die heilige Stätte den Gesetzen der Marktwirtschaft und dem religiösen Fanatismus zum Opfer fallen würde – oder?

Auch die politische Lage an sich lässt anfangs zu Wünschen übrig: Im Jahre 1975 wird der Militärdiktator Yakubu Gowon unblutig durch General Murtala Mohammed gestürzt, der selbst sechs Monate später bei einem gescheiterten Putschversuch das Leben lassen muss. Daraufhin gelangt sein Nachfolger, General Olusegun Obasanjo, an die Macht. Dieser setzt das Demokratisierungsprogramm seines Vorgängers fort und übergibt die Regierungsgewalt 1979 an den am 11. August 1979 zivil gewählten Präsidenten Shehu Shagari.[32]

In dieser Zeit setzt es sich Layi Olosun zur Aufgabe, der Stadt zu beweisen, dass die Rituale im heiligen Hain nach wie vor zelebriert werden, wenn auch der Großteil der Priester verarmt und zurückgezogen lebt. Und Susanne Wenger wird in diesem Kontext eine seiner wichtigsten Unterstützerinnen. „Die Heiligen Haine von Oshogbo waren damals zum Tode verurteilt, doch meine Überzeugung von der inneren Wahrheit der Yoruba-Religion war so stark, daß ich als lebendiger und moderner, nicht den Traditionen unterstellter Mensch das Gefühl hatte, ich müßte eine Kraftzentrale bauen, um diese Haine zu beschützen. Das konnte ich, weil ich so stark einbezogen war, nur mit meiner künstlerischen Expression erreichen. Ich war ja kein Angestellter oder Bauarbeiter, meine Ergebenheit dieser Philosophie gegenüber war keiner Frage unterstellt, sie war eine Tatsache für mich und andere", schreibt sie später.[33] Sie macht sich ans Werk: Zuerst lässt Wenger von zwei Arbeitern als Helfer den Hauptschrein der Göttin Osun am Fluss reparieren. Dann beginnt sie, eine Lehmmauer um den Wald zu ziehen, damit wenigstens die Grenzen des Gebietes markiert waren. Bei den Maurern, die ihr bei der Arbeit helfen, handelt es sich zwar – zumindest dem Namen nach – um Moslems, doch sie sind auch von der heiligen Stätte inspiriert und wollen deren ursprünglichen Zustand bewahren. Wenger jedenfalls ist trotz der harten Arbeit Feuer und Flam-

32 Vgl. https://de.wikipedia.org/wiki/Geschichte_Nigerias, Stand vom 19. April 2019.

33 Vgl. Gert Chesi, Susanne Wenger. Ein Leben mit den Göttern, Wörgl 1984.

me. Ob es die uralten Bäume sind, der geheimnisvolle Fluss oder die Göttin selbst, die sie inspirieren? Eines jedenfalls ist sicher: die Künstlerin beginnt, in der Natur Skulpturen und Gestalten mit ihren Händen zu Formen. Zunächst kreiert sie kleine Relief-Figuren, die anfangs ganz schüchtern kantig und unauffällig wirken und bringt diese neben den eben errichteten Lehmwänden an. Doch sofort erkennt Wenger in diesen zum Teil noch ungeschickten Figuren künstlerisches Potential. So werden sie und ihre beiden Mitarbeiter, der Nachtwächter Ojewale Amoo und der inzwischen verstorbene Laani, allmählich zu bedeutenden Künstlern. Bald schon lädt Susanne Wenger weitere Schaffende ein, ihr Projekt mitzugestalten: Die Zement-Plastiker Adebisi Akanji und Saka stoßen dazu, sowie die Holzschnitzer Buraimoh Gbadamosi, Kasali Akangbe und Rabiu Abesu. Foyoke und Shongo Tundun, zwei Frauen aus dem Bekanntenkreis Wengers, bemalen daraufhin die Schreine mit traditionellen Symbolen. Mehr als fünfundzwanzig Jahre arbeitet diese, von Susanne Wenger „New Sacred Art" genannte Gruppe, im heiligen Hain der Göttin Osun – und das Ergebnis ist großartig: Immer mehr neue Schreine wachsen wie gewaltige pflanzliche Wesen aus dem Boden, Natur und Religion fallen ineinander über, die Kreativität wuchert. Riesenhafte Plastiken winden sich wie knorrige archaische Bäume neben Insekten aus eisenarmiertem Lehm und Zement – und affenartig gedrungenen Steinskulpturen von Buraimoh Gbadamoshi; an die Rachen von vorsintflutlichen Tieren erinnernd öffnen sich Torbögen, die in die einzelnen heiligen Haine führen – und eine Fülle an Heiligtümern und Schreinen scheint gleichsam aus dem Boden zu wachsen.

Wer mit der traditionellen Yoruba-Architektur und -Plastik bekannt ist, mag zunächst verwirrt sein von der Andersartigkeit und Abstraktion dieser Kunst, die doch den gleichen Göttern dient. Denn traditionelle Yoruba-Schreine liegen normalerweise schwer und erdnah auf dem roten Boden, wobei rechteckige Säulen, von dicken Lehmwänden getragen, so niedrig errichtet sind, dass man sich bücken muss, um in das Heiligtum einzutreten. Das impliziert eine gewisse Haltung der Demut und ist von den alten Völkern bewusst intendiert. Auch die Strohdächer sind eher flach; die Gebäude fügen sich bescheiden in die Landschaft ein. Manche haben geschnitzte Säulen oder Türen, andere sind außen mit hieroglyphenartigen Formen bemalt, die eine Botschaft des Gottes darstellen. Diese Architektur strahlt große Ruhe aus: Sie ist durchaus einfach, sie hat keine überflüssigen Ornamente, nichts zielt auf Effekt, es entsteht der Eindruck von stiller Harmonie.

Die Formen aber, die Susanne Wenger unter Mithilfe von Adebisi Akanji im Wald errichtet, weisen hingegen eine dramatische und unerhörte Vielfalt in den Formen auf. Verspieltheit, Schnörkeligkeit und Verfremdung ins Abstrakte hinein kennzeichnen die neuen heiligen Schreine: Kein Gebäude gleicht dem anderen. Dennoch ist die Machart der Skulpturen, Plastiken und Altäre nicht beliebig, denn dazu handelt es sich bei Wenger um eine zu reflektierte und sensible Künstlerin: Jedes der Objekte leitet seine Form aus der religiösen Funktion ab, der es dienen soll. An schauderhaft schöne Riesenechsen erinnernd recken sich die drei Giebel des Ogboni-Hauses in den Himmel, während die lang gestreckten Wellblechdächer die Lebendigkeit von zuckenden Tierhäuten zu imitieren scheinen. Zwar erinnern die von geschnitzten Säulen getragenen Giebel eher an ein Initiationshaus in der Tradition der Yoruba, ein sogenanntes „Haus Tamaran", dennoch ist ihrer Machart die formale Strenge jener Initiationshäuser fremd. Denn: Aus der Fassade des Gebäudes wuchern die Plastiken ungezähmt und dschungelartig hervor. Was den Fußboden betrifft, so scheint dieser gleichsam zu schwimmen, in Bewegung zu sein: Er wogt und wellt sich, als sei die Erde gerade erst geschaffen worden und müsse sich erst langsam auf dem Urmeer zurecht schaukeln. Doch auch intime Gebäude „bevölkern" in ihrer Schlichtheit den heiligen Hein. So in etwa der Schrein von Osun Busayin, der für die Erdgöttin errichtet ist. Hier ragen einfach gehaltene Säulen des Porticos gleichsam wie exotische Geschöpfe empor. Man fühlt sich an Muscheln und Korallen erinnert; ja, wie die Flora und Fauna, die den Meeresboden bewuchert, sehen diese Objekte aus. Die Leerstellen, die sich zwischen den Säulen befinden, winden sich unregelmäßig und erinnern an unter einem Mikroskop betrachtete Behausungen eines Korallenstocks. Flüssig ist wohl das Wort, das die Konsistenz dieser Objekte am Besten beschreibt – denn der Betrachter hat den Eindruck, dass diese sich unter seinem Blick ständig verändern, gleichsam oszillieren. Der Schrein für Orisha Ajagemo ist weniger ein Gebäude als eine lebendige, pulsierende Plastik, die man betreten kann, während die hohe, turmartige Fassade sich aus zwei riesigen ineinander verflochtenen Gesichtern zusammensetzt – Obatala und Sango. Denn das spannungsreiche Gebäude symbolisiert die Begegnung dieser zwei

Götter, zweier sehr gegensätzlichen Orisa, die sich zwar von Herzen lieben, aber dennoch getrennte Wege gehen müssen. Über den Mythos äußert sich Wenger in einem Interview folgendermaßen: „Das Verletzen eines Tabus, das ist ja eigentlich die größte Tragödie, die sich ereignen kann, und gleichzeitig auch eine Vorbedingung. Man darf dies nicht als historische Legende begreifen. Man muss wissen, dass diese Dinge jenseits der Zeit und jenseits der gewöhnlichen Raumvorstellungen liegen. Dann kann man auch die Dinge, die C. G. Jung sehr gescheit ausgegraben hat, als primäre Mythen sehen, die in derselben Reihe stehen wie die Orisha Mythen. In diesen Mythen ist alles ein primäres Geschehen, in dem der Schock und die Tragödie auch „Treibstoff sind ... oder ‚Zündung'..."

Während Sango einen extrovertierten, sprunghaften, wilden und großzügigen Charakter aufweist, handelt es sich bei Obatala um einen milden, philosophischen und unendlich geduldigen Gott. In der Mythologie stellen die kurzen Begegnungen dieser beiden Orisha eine Metapher für eine Annäherung von Antipoden, bei denen sich elektrische Spannungen entladen und Funken sprühen, dar. Susanne Wenger manifestiert diese geladene Energie in ihrem Kunstwerk: Denn ein ähnlicher Gegensatz besteht zwischen den riesigen Zementplastiken von Susanne Wenger, die in den heiligen Hainen überall aus dem Boden sprießen, sowie den verhältnismäßig eher klein gehaltenen Yoruba-Holzplastiken, die früher einmal die Altäre der Yoruba Orisha schmückten und die Susanne Wenger nahtlos in ihr neues Werk integriert.

Bei den alten Yoruba-Plastiken handelte es sich meist um statische Formen; alles ist auf Ausgeglichenheit hin konzipiert: Das Körpergewicht der Skulpturen scheint gleichmäßig auf beide Beine verteilt zu sein, während die Arme an der Seite ruhen. Meist handelt es sich um eine klare und fokussierte Haltung, die diese Figuren aufweisen. Weder die Körperachse noch der Kopf zeigen eine Drehung. Bezeichnend für diesen Zustand sind auch die Gesichtsausdrücke der Figuren: Nicht nur wird in und mit ihnen keine Handlung dargestellt, nein, weiters kann man in ihren Zügen auch keine Emotionen wie Freude, Zorn oder Trauer lesen. Die Skulpturen strahlen eine totale Ruhe aus, die Gesichter erinnern an tranceartige Zustände: In den Plastiken von Buraimoh Gbadamoshi blicken die überdimensional großen, hervorquellenden Augen den Betrachter nicht an, sie blicken gleichsam an ihm vorbei auf das, was dahinter liegt. Was nun die Kunstfertigkeiten der Yoruba–Kultur betrifft, so nennt sich die besondere Qualität, auf die es dem traditionellen Schnitzer ankam, „tutu", was wörtlich soviel wie „Kühle" bedeutet. Unter „tutu" versteht man eine Form von völliger Harmonie, die der Olorisha durch den ständigen Umgang mit seinem Gott erlangt. Sobald ein Mensch sich nach den immer wieder entstehenden und gelösten Spannungen in eine völlige Einheit mit seinem Gott begibt, erlangt er jenen Zustand, den die Künstlerin Susanne Wenger mit dem Namen „dynamic relaxation" betitelt. Ihre eigenen Arbeiten hingegen muten unruhig an, strotzen vor Handlung und Bewegung; ja, bei der vier Meter hohen Skulptur „Alajere tanzt für Òsun" scheint es sogar so zu sein, als würde sie tanzen und sich in Ekstase befinden: Der schmale Körper ist beinahe horizontal nach Vorne geneigt, während die Figur die Arme ausgebreitet hält und der riesige Kopf mit den enormen Augen auf einem dünnen Hals balanciert. Nicht Ruhe, sondern exzessive Bewegung verkörpert dieses Objekt, und die Künstlerin weigert sich, den natürlich vom Material gesetzten Grenzen zu folgen; sie fordert das Material heraus, treibt die Möglichkeiten, es zu bearbeiten, an die Spitze. Derart scheinen die langen dünnen Arme der Iya Moòpò, der Göttin aller Frauengewerbe, die sich meterlang horizontal in die Luft strecken, alle Gesetze der Statik zu durchbrechen. Diese Riesenplastik erinnert an eine Urmutter, die wie ein gewaltiger Baum aus dem Boden ragt. Mit ihren dünnen Armen tastet sich die aus dem tiefen Schoß dieser Urmutter Emporgestiegene ans Licht heran. Gleichzeitig scheinen aus ihrem Rücken flügelartige Gebilde zu sprießen, die sie jedoch – an die Luftwurzeln eines Banyan-Baumes erinnernd – nur noch fester im Erdboden verankern. Hat Wenger bei Orisha Ajagemo eine plastische Form um einen Innenraum gelegt, so zwingt sie hier einen kleinen Schrein mit einem spiralförmigen Aufstieg in den Riesenleib hinein, in dem die Rituale für Iya Moopo stattfinden können. Wieder sind wir an die Töpfe erinnert, die die junge Susanne Wenger wie sie sagt in der Kunstgewerbeschule Graz immer wieder fabriziert hat.

Öfter fragen überkritische Besucher, ob denn derartig beschaffene Skulpturen und Schreine das Wesen der Yoruba-Tradition überhaupt angemessen sind, stehen sie doch in einem so völligen Gegensatz zu dem, was die Künstler dieser Religion selbst über Jahrhunderte fabriziert haben. Eines steht zweifellos fest: Susanne Wengers Kunst befremdet auf den ersten Anblick. Als Kind des deutschen Expressionismus nimmt sie Elemente dieser Strömung mit nach Afrika, aber ganz und gar ohne „Kulturimperialismus“: Schließlich sind vor Susanne Wengers Ankunft fast fünfzig Jahre in Oshogbo keine Plastiken mehr hergestellt worden. Sie begegnet der alten Tradition, die sie als einzige wieder aufgreift, mit einer demütigen Haltung. Man ist Wenger dafür dankbar. Denn wie ein hochempfindliches Barometer registrieren die Künstler in ihrem Umkreis schon den bevorstehenden Zusammenbruch der alten Yoruba Kultur, ehe dieser offensichtlich ist. Ohne Susanne Wengers „New Sacred Art“ gäbe es heute vermutlich keine künstlerischen Werke mehr in den Oshun Groves – ja die Schreine selbst wären längst verschwunden, und es gäbe keine heiligen Haine mehr. Ohne den Einsatz und die Aktivitäten Susanne Wengers wäre der Wald um den heiligen Fluss herum möglicherweise längst abgeholzt und somit jede Möglichkeit einer kulturellen Wiedergeburt ungeheuer erschwert.

Weiters ist festzuhalten, dass es heute eine Handvoll Yoruba Künstler gibt, die alle im Umkreis von Susanne Wenger das Feld der „neuen sakralen Kunst“ betätigen. Keiner dieser Vertreter hätte ohne den vehementen Einsatz dieser Frau eine künstlerische Aufgabe gefunden, und was in diesem Zusammenhang noch wichtig erscheint: Keiner dieser Künstler arbeitet in der althergebrachten Tradition. Das fällt schon beim Betrachten der hohen geschnitzten Säulen von Buraimoh Gbadamosi auf: Unruhig winden sich diese hin und her und strahlen eine spannungsvolle expressive Unruhe aus. Neu ist auch der Einsatz bestimmter Mittel aus dem Surrealismus. Derart bedient sich Kasali Akangbe in vieler seiner Plastiken sogenannter „objets trouvés“, um sich eines Begriffes aus dem Surrealismus zu bedienen: Angeregt durch Strukturen lässt er sich von der natürlichen Form eines Astes oder einer Wurzel inspirieren und nimmt diese zum Ausgangspunkt seines Werkes, was für einen alten Yoruba-Schnitzer eine unvorstellbare Arbeitsmethode gewesen wäre. Die traditionelle Yoruba-Kunst stammt nun aus einer Zeit, in der die Existenz der Götter so selbstverständlich war, dass Sätze wie „Ich glaube an Obatala“ widersinnig gewesen wären, da sie ja ihr Gegenteil, also die Möglichkeit eines Zweifels, mit einschließen. In einer Zeit, in der die alten Götter verlassen, ignoriert, verspottet und geschändet sind, kann kein Künstler mehr mit einer solchen Selbstverständlichkeit und einer dermaßen hermetischen Ruhe arbeiten. Die Konflikte des Lebens spiegeln sich auch in der Kunst wieder. Dergestalt drücken die Vertreter der „New Sacred Art“ die Bewegung dieser Spannung aus, und das jeder auf seine individuelle Art und Weise. Wenn die Yoruba-Religion überhaupt noch eine Überlebenschance hat, so deshalb, da sie keinen starren Kodex, kein heiliges Buch mit Vorschriften und Verboten erfunden hat. Sie ist ungeheuer flexibel und anpassungsfähig, sie gesteht jedem starken Priester das Recht zu, seinen Gott auf seine Weise zu interpretieren und zu verkörpern. In dieser Religion sind Gott und Mensch voneinander abhängig. Nur durch eine Kunst, die sich permanent in Veränderung befindet, gelingt es ihr, am Leben zu bleiben. In einer Zeit, in der die Rituale seltener werden, da die Gemeinde auf ein kleines Häufchen zusammengeschrumpft ist und die moderne Zivilgesellschaft ein Leben in Form eines „pausenlosen Rituals“ wenn nicht unmöglich macht, so doch verkompliziert, nimmt die Kunst einen immer wichtigeren Platz ein. Für Susanne Wenger ist die „New Sacred Art“ eine Energiequelle, die zum Ritual wird.

So vergehen die Jahre. Inzwischen hat Susanne Wenger sich im sozialen und spirituellen Leben in Ohsogbo integriert. Ein weiterer interessanter Aspekt, dessen Untersuchung hier zu weit führen würde, ist der des Einflusses afrikanischer Kunst auf unsere moderne Kunstszene. Ein innerer Gleichklang mit bis dahin Unbekanntem scheint schon seit langem Künstler zu beschäftigen. Nach Picasso und den Kubisten auch in neuerer Zeit: Man denke hier nur an Michael Buthes „Benin-Zyklus“ sowie an Pencks Malerei, die rituell entstandenen Yoruba–Bildern frappant ähnelt. Auch Calypso–Rhythmen, die im modernen Jazz gespielt werden, sind ihres Ursprungs nach Yoruba-Rhythmen – genauso auch musikalische Formen wie der Samba, Mambo, Bossa Nova oder in neuester Zeit der „Tropicalismo“.

Immer wieder praktizieren auch europäische Schamanen unterschiedliche archaische Rituale. Bei der Diaspora der Orisha-Religion prosperieren insbesondere afroamerikanische Strömungen wie Voodoo, Candomblé oder Macumba und Santeria, deren Anhängerzahlen beispielsweise in Brasilien, Kuba und den USA frappant anwachsen – und damit wurden nur einige wenige Beispiele genannt.[34]

34 Vgl. https://susannewengerfoundation.at/de/heiliger-hain, Stand vom 19. April 2019.

14. Wuchern und Wachsen – eine Bestandsaufnahme

1954 stellt Susanne Wenger in Paris in der Galerie Creuze erstmals ihre Ölbilder aus, die von wild–dramatischer Art sind. Diese stellen erste Interpretationen der Rituale, Opfer und Mythen, die sie aus Begeisterung, aber auch um die ungeheure psychische Belastung durch ihre Tuberkulose auszubalancieren, im Krankenhaus in Afrika gemalt hat. Was folgt sind Ausstellungen in London, Frankfurt, Zürich und Breda. Vorerst in Ede, erlernt Wenger in Ilobu daraufhin, wie erwähnt, die Adire-Batik, eine Stärke-Batik-Technik der Yoruba. Hierbei verwendet man Indigo, einen Pflanzenfarbstoff, zum Einfärben der Materialien. Diese Arbeiten erfreuen sich bald großer Beliebtheit: Die riesigen Batiken werden ebenfalls in Paris und London in Ausstellungen präsentiert. Die Anwendung dieser Batik-Technik, eine oft langwierige Arbeit, die aber im Gegensatz zur Malerei kommunikativ und im Kreise der Menschen, mit denen Wenger jetzt lebt, ausgeführt wird, bietet ihr also wie bereits beschrieben, die Möglichkeit, der Abgeschlossenheit ihrer Ateliersituation und der damit einhergehenden Isolation zu entrinnen. Einen wichtigen Aspekt, Wengers Adire-Batik betreffend, stellt auch hier die Mythologie der Yoruba dar: Wenger befasst sich hier mit den Apotheosen der Orisha. Um immer neue Aussagekraft bemüht, wendet Wenger sich nach und nach auch der vorwiegend aus Indonesien stammenden Technik der Wachs-Batik zu. Aus diesem von Susanne Wenger selbst entwickeltem multikoloristischen Medium heraus entstehen so sehr spezielle Batik-Arbeiten. Wenger bedient sich hier einer klaren eigenständigen und sehr individuellen Bildsprache und Gestaltungskraft. Susanne Wenger wird zur größten Batikkünstlerin aller Zeiten! Ihr Lebensgefährte Ulli Beier äußerte sich in den 1970er Jahren folgendermaßen zu den ersten Ansätzen: „Equally well known“ – wie die Skulpturen und Schreine im heiligen Hain von Oshogbo – „are perhaps Susanne Wenger's wax batiks, which celebrate the lives and fates of the great Yoruba Orisha in large textiles, as luminous as stained windows."

Inzwischen hat sich Wengers Situation stabilisiert. Ein Haus im „brasilianischen Stil" in Oshogbo dient ihr nun als neue Wohnstätte – es handelt sich dabei um das letzte und schönste Werk eines bekannten Yoruba-Baumeisters. Dieses Haus wird Wenger bis zum Ende ihres Lebens bewohnen.

Ihre eigene Bautätigkeit indes hört nicht auf. Schon in den späten fünfziger Jahren arbeitet Wenger an der Rekonstruktion von „Idi Baba", einem verfallenen Tempel des Shonponna–Kultkreises. Eine Gruppe von Tischlern, Schnitzern und Maurern unterstützt sie dabei. Figuren und Schreine aus Zement, Sand und Lehm entstehen in den stadtnäheren heiligen Hainen nach wie vor. Wenger erklärt in einem ihrer Interviews den Anfang ihres Vorgehens folgendermaßen: „In dieser Zeit sind Termiten in den uralten Oshunschrein gekommen und haben ihn in kürzester Zeit fast zerstört. Die Iya-Oshun (Iya = Mutter – Oberpriesterin des Oshun Kultkreises) aus Oshogbo, die jetzt schon lange tot ist, hat nach mir geschickt. Ich soll helfen."

Wenger also werkt und wirkt in den nächsten Jahren; durch ihr Vorbild gleichsam inspiriert, wächst der Kreis aus Handwerkern und Künstlern aus Oshogbo weiter und weiter an. Sie nehmen sich auch nach und nach der Restaurierung des Flusssanktuariums an, nicht ohne, aufgefordert von Susanne, ihren eigenen kreativen Fähigkeiten freien Lauf zu lassen. Schon bald hat Wenger auch einen Namen für diese Strömung kreiert: „New Sacred Art", ein Wenger-Terminus schlechthin, nennt sie diese neuen, aus organischem Material entstandenen und mit Leben gefüllten Schöpfungen, an der Holzschnitzer, Bildhauer, Batikkünstler, Maurer und Priester sich zusammenfinden und die Tradition ihrer ererbten Fähigkeiten weitergeben. Nach und nach entwickelt sich bei den von Ulli Beier ausgebildeten Künstlern ein neuer Stil: der sogenannte Oshogbo–Stil, der sich mit der Zeit zu einem Qualitätsbegriff erweitert. Es dauert nicht lange, schon weisen die bekanntesten Künstler Nigerias auf ihre „Mama Adunni" – bei „Adunni Olorisha" handelt es sich um den Yoruba-Namen Susanne Wengers – hin und bezeichnen sie als ihre künstlerische „Mutter" und Lehrerin. Das betrifft im Übrigen auch Künstler, die Wenger selbst Zeit ihres Lebens nicht so hochgeschätzt haben mag. Umstritten bleibt jedoch Susanne Wengers Einfluss auf viele afrikanische Künstler der jüngeren Generation.

Was ihre Sammlung von „New Sacred Art“ betrifft, so scheint das Haus inzwischen so vollgeräumt mit diesen Arbeiten zu sein, dass es beinahe aus allen Nähten platzt. Dieses beherbergt also nicht nur eine riesengroße Fülle an Kindern, die Wenger rituell aus den alteingesessenen, zerfallenen Priesterfamilien adoptiert hat, ernährt und zur Schule schickt, sondern auch eine Fülle an künstlerischen Gütern. Wenger versorgt dazu auch noch eine große Anzahl alter Leute, die auch zu ihrer erweiterten „Adunni-family“ zählen, und all dies geschieht parallel, quasi nebenher. So wachsen und werden Menschen und Kunstwerke, verweben sich Leben und Arbeit zu einem großen Ganzen. Nichts ist geplant, alles bleibt im Fluss – und auf diese Art und Weise entsteht ein geniales, vorbildliches Konzept eines „Gesamtkunstwerkes“ in einem Kontext, der eine Zusammenarbeit mit anderen einheimischen Künstlern nicht nur gutheißt, sondern notwendig macht. Darauf angesprochen weist Wenger jedoch jede Verantwortung zurück und erklärt lapidar, alles passiere, da es passieren müsse. 45 Jahre schafft und werkt Susanne Wenger an den Batiken, den Ölbildern und ihren heiligen Hainen. Bei ihren kühnen Konstruktionen handelt es sich um Skulpturen, die sich auf paradoxe und informelle Weise in Harmonie mit den Naturformen befinden, quasi fließende Gebilde, von denen Wenger möchte, dass sie „teilweise in die Erde zurück und teilweise in die Wolken hineinwachsen“.

Diesen Eindruck erwecken die Arbeiten auch tatsächlich: Die in ihrer Massigkeit fast schwebende Figur der Iya Moopo, der sich megalithisch einsam in den Himmel reckende Ela, der den Jünglingsaspekt des Orakelgottes Ifá verkörpert, sowie eine Statue aus dem Alajere-Mythos fügen sich so in die Reste eines Waldes aus der Urzeit ein. Was nun das Ogboni-Kulthaus, das in den „Sacred Groves“ liegt, betrifft, so entstand dieses aus einer früheren Schule. Diese wurde fast völlig niedergerissen, doch ließ man die Rückwand, in alter Yoruba–Manier, bestehen, da eine Tradition besagt, dass von allem, was man zerstört, ein Same erhalten bleiben soll. Auf diesem Mauerrest basiert Wengers Arbeit – und sie ist demnach quasi auch der Eckstein und das führende Mitglied dieser spirituell und auch politisch sehr einflussreichen Kultgruppe, die sich in diesen Tagen bildet.

Eine jahrelange Initiationszeit verbringt die Künstlerin nun in dem Gebäudekomplex des Alajere-Schreines. Nach und nach verschwimmen die Unterscheidungen der Begriffe Architektur und Plastik endgültig, die Ebenen und Welten dringen im Laufe der Arbeit am heiligen Hain immer mehr ineinander ein. Drei Meditationsräume und ein Altarraum sind durch höhlenartige Gänge verbunden und lösen Erinnerungen an die Kammern der gewaltigen Dolmen und Allées couvertes in der Bretagne aus. Doch nicht nur die Arbeit mit Objekten bestimmt Susanne Wengers künstlerische Prozesse: Nach einer längeren Pause beginnt sie außerdem Mitte der siebziger Jahre wieder zu malen: Erneut entstehen Ölbilder, die sich teilweise auch gewisser Themen annehmen, die in Europa akut sind. So wird die vorherrschende Umweltverschmutzung zum Leitmotiv in dem Bild „Birds Fall Down“ und der Arbeit „No Nuclear News“, die sich mit Atomangst auseinandersetzt.

Die thematische Spannbreite ihrer auf Sperrholzbretter von Teekisten gemalten und gespachtelten Ölbilder ist groß, lässt jedoch noch mehr als ihre anderen Werke die Tradition der europäischen Moderne erkennen. Hier verknüpft Wenger Themen aus der Menschheitsgeschichte, der Bibel und der Weltliteratur sowie Legenden aus dem Yoruba-Kulturkreis.

Ziel dieser dezidiert meditativen Arbeitsweise ist – sollte das überhaupt möglich sein – noch tiefer in die Dimensionen der mythischen Erzählungen vom transzendenten Menschsein vorzudringen und die Begrenzungen von Zeit und Raum zu überwinden. Nach einigen großen Ausstellungen in Europa ab Mitte der achtziger Jahre wendet sich Susanne Wenger noch mehr der Malerei zu und schafft neue Werke, in denen sich ihre Philosophie und Weisheit in essenzieller Weise nun auf sehr kleinen Bildraum zusammendrängen. Wieder – wie auch schon in den frühen Bildern – weist eine komplexe Symbolsprache auf frühkindliche Eindrücke hin, die sich während Wengers schicksalhaftem Lebensweg zu weittragenden Einsichten verfestigt haben. Hier manifestieren sich alle ihre künstlerischen Erfahrungen. Der Bogen spannt sich in einer gedehnten Kurve vom postnatalen Schauen des Kindes zu einem metaphysischen Blick in einen Zustand des absoluten Dazwischenseins ewigen Lebens und Sterbens, der Gleichzeitigkeit von Leben und Tod als Vorraum der Wiedergeburt.

Der Zyklus „Ikonen der großen Traurigkeit“ ist ein Meisterwerk, bei dem die Mischung zwischen der informellen Spontanität des aus dem „Unterbewussten“ hervorbrechenden Schaffensprozesses und den narrativen Botschaften in eben dieser metapsychischen Balance steht. Dasselbe gilt auch für die großen Gemälde „Das Yoruba Bardo“, „Nicht sinnlos, doch vergebens“, „Milarepa“, „Die letzte Ernte“ und „Denn tief in dir bist du oh Mensch der Gott als Baum, als Stein, als Tier“.

Wengers Hauptbestreben liegt jedoch in dieser Zeit in einer Vertiefung der Aussage und Ausstrahlungskraft künstlerischen Ausdrucks an sich. Trotz Schwierigkeiten mit der lokalen Moslempartei vollendet Wenger 1985 ein Hauptwerk ihrer Batik-Kunst und bringt so eine neuerliche Verherrlichung der Orisha-Religion hervor, in der die Künstlerin Symbolkraft für alles Menschliche sieht. Seit Jahren bereits mischt Wenger im heiligen Hain an einer fast geheim gehaltenen Stelle am Fluss Oshun Zement, rote Erde und Wasser zu einer Einheit und verwendet das Gemisch in einem von höchster Konzentration getragenen Arbeitsprozess. Hier werden Flusssteine, Muscheln, Kauris und Palmkerne zu symbolträchtigen Elementen neuer und bewegter Formen, die sich zu Skulpturen und Objekten zusammenschließen. Wie bereits erwähnt bildet der Baum als Container von Lebenskräften und das „Metaphysisch-Transzendentale“ für Wenger eine tragende Rolle in ihrem künstlerischen Schaffen. In ihrer „mythischen“ Lebensgeschichte, an der sie ebenso konsequent arbeitet wie Hermann Nitsch an seiner Theorie zum „Orgien-Mysterien-Theater“, werden Kindheit, Religiosität und Aufbruch zu einem kosmischen Ganzen verwoben.

So berichtet Wenger in ihrem eigenen, autosuggestiven Essay „Susanne Wenger über Susanne Wenger“ von ersten Eindrücken in der Natur als Basis all ihrer Bildvorstellungen. Wen wundert es, dass die Suchende Jahrzehnte später sich am Fuße einer tatsächlichen göttlichen Quelle befindet? Richtig, die Rede ist vom Ufer des geheiligten Flusses Oshun. Hier findet Susanne Wenger eine neue Heimat, in der sie sich, permanent in Aufbruch und Bewegung begriffen, bewegt und dasselbe tut wie ihre Skulpturen, Objekte und Arbeiten – sie wuchert, sie wächst.[35] Wengers Aktivitäten haben weitreichende Folgen, sind daher aber auch nicht unumstritten. Für eine gewisse gesellschaftspolitische

35 https://susannewengerfoundation.at/de/katalog-1985, Stand von 19. April 2019.

Missbilligung bei den christlichen und muslimischen Glaubensanhängern sorgt schon allein die Tatsache, dass die „New Sacred Art“ den alten Orisha-Glauben mit ihrer Kunst potenziert. Andererseits genießt sie bei den meisten Yorubaleuten Respekt und Verehrung. Ihre Präsenz führt aber unter anderem dazu, dass das im Oshun-Hain geltende, auf einem Pakt mit der Göttin beruhende Fischerei-, Jagd- und Siedlungsverbot, das längst ignoriert worden war, nun plötzlich wieder ernst genommen wird. Man bietet also „einer weiteren Devastierung“ der Wälder Einhalt. So sind Arbeiten immer wieder durch Vandalismus bedroht, werden aber auch manchmal von außenstehenden Beobachtern scharf kritisiert und erregen aber über Nigeria hinaus großes Erstaunen und Aufmerksamkeit. Das wiederum lässt ab 1976, zumal mit der Inthronisation eines neuen Stadtkönigs auch neue Investitionen gemacht werden, die Idee der touristischen Nutzung aufkommen. Wenger widerstrebt diese Entwicklung zutiefst; sie setzt alles daran, die Pläne der Regierung zu vereiteln und sucht im Department of Antiquities, das den Oshun-Hain einige Zeit zuvor zum nationalen Erbe erklärt hat, Unterstützung. Dieser Akt ist der Auftakt zu einem jahrelangen Konflikt zwischen der Künstlerin und der Regierung, bei dem vor allem wirtschaftliche und politische Interessen im Vordergrund stehen. So wird beispielsweise das Fest, das zu Ehren der Göttin Oshun jeden August stattfindet, aufgrund der hohen weltweiten Besucherzahlen sogar mit Mekka oder Jerusalem verglichen und stellt dementsprechend einen wichtigen Wirtschaftsfaktor dar. Da Oshun als Göttin der Fruchtbarkeit zugleich für Wohlstand steht, widerspricht es auch nicht der religiösen Überzeugung, aus den Feierlichkeiten zur Erneuerung des mythischen Gründungspaktes Kapital zu schlagen, was die „Mächtigen“ dieser Liga freut. In der Diskussion um die enge Verflechtung von Religion und Stadtkönigtum, die für die Kultur der Yoruba charakteristisch ist, wird Susanne Wenger schließlich zur Einsicht gedrängt. Da sie als Kontrollinstanz bestätigt wurde, öffnete sie die Haine trotz ihrer Bedenken doch für Touristen – im Vertrauen, dass „jeder (…) von selbst zum Pilger wird“ und „spürt, daß dies hier keine gewöhnliche ‚attraction‘ ist, sondern ein Raum der Andacht vor dem Leben, an dessen Atmosphäre er Anteil nimmt.“[36]

36 Vgl. Rolf Brockmann/Gerd Hötter, Szene Lagos. Reise in eine afrikanische Kulturmetropole, München 1994, S. 155.

15. Exkurs: Die Yoruba-Kultur

Unter dem Begriff „Yoruba“ versteht man in traditioneller Hinsicht eine Stadtkultur, die nicht durch Kolonisation oder kulturelle Verproletarisierung beeinflusst ist, sondern ihren eigenen inneren Gesetzen folgend entstand und entsteht. Der Prozess ist denkbar einfach: Man lebt in der Stadt und geht auf die Farm. Von der Farm kommt man anlässlich kultureller Ereignisse nach Hause in die Stadt und bringt Naturalien mit. So entsteht eine Form von Wechselwirkung, die sich in ständiger Veränderung befindet; ein Geben und Nehmen auf den verschiedensten Ebenen.

Als religiöses Zentrum aller alten Yoruba-Kulte gilt bis heute die Stadt Ilé Ifè. In der Tradition der Yoruba besteht alles Lebendige immer aus Kräftebalancen. So setzt sich allem, was überstark zu werden droht, ein anderer starker Wert entgegen, und die Dinge in der Welt halten sich die Waage. In diesem Sinne bildet auch der Vulkan metaphysischer Kräfte, Ilé Ifè genannt, die zweite Metropole der Kulte, Òyó, gegenüber. Unter einem Oòni versteht man Ilé Ifès Stadtkönig – er bildet die heiligste Instanz weltlicher Autorität. Dagegen verkörpert Òyó, die Stadt, Elemente des Blitzes und Donners und repräsentiert somit den Gott Sòngó oder auch Shango. In Ilé Ifè sehen die Anhänger der Yoruba-Kultur nicht nur den mythischen Ursprung aller Yoruba-Götter und -Menschen, sondern auch den Ort, an dem „die Welt begann“ und so gleichsam der gesamte Kosmos entstand. Alle Yoruba-Städte werden von einem eigenen Stadtkönig regiert, während jedoch nur sechzehn dieser Obas eine Perlenkrone tragen dürfen. Dies sind die Nachkommen der sechzehn Söhne Odùduwàs, des mythischen Begründers der Nation, der nun als wichtiger Orisha verehrt wird.

Lange Zeit bestand der landläufige Irrtum, dass die Yoruba, gleich anderen polytheistischen Religionen, nicht an Gott glauben. Dieses

Missverständnis beruht darauf, dass der Begriff Orisha als „die Götter“ oder „ein Gott“ übersetzt wurde und wird. In Wahrheit aber existiert keine adäquate Übersetzung für „Orisha“ in den Sprachen jener Völker, die vorchristliche Kulturerinnerungen in die Räume tiefsten Unterbewusstseins weggepackt haben. Auch in den nun ausgeführten Beschreibungen muss leider mit der irreführenden Bezeichnung „die Götter“ vorliebgenommen werden.

Was das Wort „glauben“ betrifft, so wird dieses von dem traditionellen Yoruba nicht in Zusammenhang mit Gott – dem sogenannten Olódùmarè – angewandt, denn die transzendente Gegenwart Gottes für Mensch, Tier und Pflanze, aber auch für Orisha, gilt axiomatisch und unwiderruflich und bedarf so keines „Glaubens“, sie „ist“. Der Begriff „Glauben“, Gbàgbó, indes, beinhaltet also seinen Gegensatz, das „Nichtglauben“. Die Idee, man könne die Existenz Gottes anzweifeln, ist für jeden Yoruba, welcher Religion er auch angehören mag, absurd.

So wurde dem missionarischen Eifer europäischer Priester stets Skepsis entgegengebracht; doch auch diese widmeten sich nicht der wahren Erkundung alter Traditionen. Man nahm sich nicht die Zeit, um Kultur und Sprache kennen zu lernen, der Fanatismus hatte alle Gewissenszweifel im Keim erstickt. Olódùmarè jedenfalls stellt in der Kultur der Yoruba eine einmalige und mit nichts und niemand vergleichbare transzendente Instanz dar, während die Götter dieser Urmaterie alle in der einen oder anderen ihrer spezifischen Aspekte ähneln, doch ihm nie ganz gleichen, da stets etwas fehlt. Der Gott Olódùmarè weilt laut Auffassung der Yoruba jenseits aller rituellen Bereiche. Ein großer Freund, der zu Ehren des Olódùmarès im heiligen Strom steht, ist der große, in unmessbaren Zeiträumen rund geschliffene Felsenriese Òyígíyigì. Auch dieser ist laut Auffassung der Yoruba geladen mit magisch-mystischer Urkraft und verkörpert gleich dem Gott die Verbindung der Gegensätze Materie und Geist. Was den Ursprung der Existenz betrifft, so ist es die transzendente Libido Orishas, die alle Kreatur schon vor der körperlichen Besamung zeugt.

Olódùmarè selbst kann nicht zeugen; aber seine Existenz bewirkt, gleichsam als Katalysator, alles Leben und allen Tod. Alle Zweige der Schöpfung, jede Kreatur, auch Mineral und Wasser aber werden durch Olórìsà verkörpert. Man nimmt an, die Schöpfung entstamme der hierarchischen Linie eines Orishas und manifestiere also insofern seine Aspekte.

Unter diesem Gesichtspunkt sollte man auch einen der alten Orisha-Mythen verstehen in dem erzählt wird, der Gott láé-láé habe einst, vor langer, langer Zeit, auf Erden gelebt und diese verlassen. Doch bis heute ist jener Platz auf der Erde, auf den ein Gott einst seinen Fuß setzte oder gar durch Leiden ekstatisch transformierte, heilig. So erklärt Susanne Wenger ihre hochphilosophischen Erkenntnisse zur traditionellen Religion.

Bei dem Gott Olórun handelt es sich um ein Epitheton Olódùmarès. Im Rahmen der Yoruba-Tradition durfte Gott nicht benannt werden. Er ist umgeben von totalem Tabu. Diese Haltung erinnert auch an das Judentum. Wie die Forschung weiß, sind „Yehowa", „Yahweh" und andere Begriffe, die Gott einrahmen wollen, verhältnismäßig moderne Versuche einer etymologischen Rekonstruktion des untragbar intensiv-dynamischen Namens Gottes. Heutzutage wird der Name „Olórun" in der afrikanischen Kultur leider oft ausgesprochen. Er sanktioniert Flüche ebenso bereitwillig wie Gebete und ist in jede Banalität eines geschäftigen Alltags einbezogen. In der Entstehungszeit der Mythen aber umgab ihn interessanterweise eine Aura des Schweigens.

In Gott, so meinen die Yoruba, herrscht ständige Bewegung: Eléèdá, der heilige Dynamismus der dem Gott innewohnt, wird auch Orí genannt. Bei Orí handelt es sich um Gottes meta-intellektuelle proto- mystische Substanz, die homolog in verschiedener meta-psychischer Dimension mit dem heiligen Geist ist. Orí repräsentiert nicht nur Gottes eigene Spiritualität, sondern auch den göttlichen Funken und Geist in uns Menschen. Durch Orí ist alles Erschaffene – das die Yoruba mit Edá bezeichnen – auf einer meta-intellektuellen sowie einer meta–genealogischen Ebene mit Gott verwandt. Das heißt, alles, was existiert, ist durch Orí eine Inkarnation Eléèdás und hat unverlierbaren Anteil an dem Gott. Dennoch: Olódùmarès, heiliger Archetypus, ist und bleibt dem Menschen auf paradoxe Weise unbegreiflich. Ihn zeichnen die Dualität von Ferne zum sterblichen Denken einerseits und Nähe zu jedem Geschöpf andererseits aus. Die Yorubareligion geht davon aus, dass jeder Mensch ein höchst individuelles archetypisches Selbst besitzt und damit ein unfassbares Mysterium verkörpert. Jedes individuelle Orí ist ein Funke transzendenter Energie. Unter Orí versteht der Yoruba außerdem einen Wert, der nicht sterben kann, doch auch den Geist des sterblichen Geschöpfes durchdringt. Die Vertreter dieser Religion bringen ihrem eigenen Orí in regelmäßigen Abständen Opfergaben dar und verwenden das kleinere Ritual der Kola-Nuss, um ihr Orí um Rat zu bitten. Man opfert Orí Kokosnüsse und Fisch, vor allem den Wels, auch Silurus glanis genannt, dessen übermäßig entwickelter Schädel die meisten seiner Organe beinhaltet und dessen Fühler multipotente Fähigkeiten aufweisen. Dieser Fisch ist ein Symbol Gottes und interessanterweise auch eine Metapher für das Urchristentum gewesen. In einem Ritual, das von dem sich repetierenden Ausruf: „Orí imi, Eléèdá àmi" – übersetzt „Mein Kopf, mein Schöpfer" – getragen wird, werden die Opfergaben dargebracht. Orí heißt in gewöhnlichem Sprachgebrauch Kopf. Der Kopf, also Orí, wird von der Yorubareligion als physischer Wohnsitz des sakralen Prinzips angesehen. Wen wundert das? Handelt es sich doch bei dem menschlichen Gehirn, dem kompliziertesten Organ in unserem Körper, in der Tat um eine ideale Umschaltzentrale der zahllos in uns vereinten Gedanken und Gefühle.

Doch auch das Teufelskonzept soll den Yoruba nicht unbekannt sein. So wurde der Hüter der Wege, Èsù, in der Yoruba-Übersetzung der Bibel zum Satan uminterpretiert.

Vorgefasste Pläne und vorweggenommene Dispositionen fallen um, wenn Èsù die Szenerie betritt. Auch die ihm zukommende Sympathie fällt um: So gerät Èsù laut Yoruba in gefährlichen Zorn, wenn man ihn im Verlauf eines irgendeinem Gott zugewendeten Rituals vergisst. Genauso jedoch wird er wütend, wenn man ihm bei einer Zeremonie den Vorrang gibt. Wo er – oder einer seiner Priester – auftaucht, wird er mit einer psychopathischen Sorte von Witz und Gelächter begrüßt. Denn: Èsù, der weder Gott noch Orisha ist, ist in jedem Tun und Lassen uns allen – auch Gott – unentbehrlich. Er ist das Prinzip, das mit allen physisch – metaphysischen, intellektuell – meta-intellektuellen Affinitäten und Reaktionen kommuniziert. Außerdem assistiert er bei dem Ritual der Wünschelrute des Orakels Ifá. Er ist Gottes eifersüchtiger Assistent, aber auch Freund – denn es herrscht auch hier das Dualitätsprinzip. Meist wird er auf einem geschnitzten Rahmen eines Divinationsbrettes, dem sogenannten Opón, dargestellt und blickt von dort aus angeblich dem Priester, dem Babálawo,[37] ins Gesicht – und in den Verstand. Auch das aus Elfenbein oder sehr hartem Holz geschnitzte hornförmige Klopfinstrument Ìroké, das vom Priester während der Zeremonien gehalten wird, symbolisiert Èsù. Dargestellt wird er meist mit einem Pferd reitend, wahlweise sitzend oder kniend und mit einem hornartig verlängerten Hinterkopf, der sich in einem Schopf aufläuft. Zum Zopf geflochten, verdeckt dieser Haarbusch die von magischen Potenzen wild pulsiere Fontanelle. Mit der Ìroké klopft der Babálawo am Opón und am Himmel transzendenter Zwischenkommunikation des Orakels Ifá an. Auch mit einem prominentem Phallus wird der „böse" Gott Èsù gern dargestellt. Das aber geschieht nicht, um Potenz zu symbolisieren. Vielmehr stellt der Phallus eine Metapher für den „Anstoß" zur Schöpfung dar. Dieser Stoß ist der erste und eigentliche Durchbruch, der aller physischen – und selbst der (Orisha zugehörigen) metaphysischen – Schöpfungen vorangeht. Oft wird Èsù auch mit einer Keule in der Hand dargestellt, die „zustößt". Hier wird die Keule zum Instrument des Totschlags, durch den das Individuum immer wieder ins Leben hinein sterben soll. Widersprüchlicher Weise – wie man es von ihm gewärtig sein muss – ist Èsù oft kniend dargestellt, und seine Haltung erinnert dabei an die in der gebärenden (Yoruba-) Frau. Im Yoruba-Sprachgebrauch steht diese Haltung für jede dringende Bitte. So heißt ein wichtiger Spruch in den Gebeten auch: „Ich bitte dich im Namen der Gebärenden."

Meist finden wir Èsù mit der Geste Ògbónis – also Faust über Faust – porträtiert. Diese Körperhaltung soll die relative Machart von Himmel und Erde darstellen. Was die Gebete anbelangt, so sind diese, richtet man sie an Èsù, stets negativ formuliert: Man betet um das, was er nicht machen soll. „Èsù má sè mi – schädige mich nicht, Èsù!", heißt es beispielsweise in einem der Gebete, das bis in die letzten Jahrhunderte hinein von Menschenopfern begleitet war. Ein Èsù-Oríki besagt außerdem, dass der Teufel klein ist, wo man ihn groß zu sein erwartet, und dass er groß ist, wo man ihn für winzig hält. So starre der Mensch irrtümlicher Weise zu seiner Größe empor, während er doch unterm Erd-

37 Babálawo (von Yoruba: babaláwo= ‚Vater der Geheimnisse') ist ein Sammelbegriff für Orakelpriester und Kräuterheiler der Yoruba in Westafrika.

nussblatt hockt. Er sucht nach ihm unter der Matte, während der Teufel mit dem Schädel das Dach durchstößt.

Im Zentrum des zeremoniellen und profanen Lebens der Yoruba steht das heilige Orakel Ifá. Die Geisteswelt der Yoruba ist ein gewaltiger metaphysischer Dschungel, einerseits grausam und andererseits von kaum vorstellbarer Vitalität. Eine wilde Ordnung herrscht, in der alles Leben, dicht ineinander verschlungen, sich gegenseitig hält, indem es sich selbst intensivst behauptet. Als Metapher für dieses Prinzip steht der gewaltige Welten-Baum-Riese, während Ifá, das Orakel, nicht Wurzel, Stamm, Ast oder Gezweig dieses Baumes symbolisiert, sondern das Geflecht aus Adern, Sehnen und Venen, das ihn allüberall durchzieht. Die „Wasser des Lebens" – wie sie schon in der Apokalypse heißen – haben transzendenten göttlichen Status. Òsun ist die Göttin der Wasser des Lebens und gemäß der mythischen Überlieferung ihrer Stadt, Òsogbo, die Gattin Ifás. Sie besitzt ein eigenes Orakelsystem, das aus 16 Kaurimuscheln, sogenannten Ajé, besteht. Im poetischen Korpus von Odù Ifá manifestiert sich ihr Sein in 4096 symbolgeladenen Gedichten. Diese poetischen Gebilde, die eine großartige metaphysische Symbol-Wort-Architektur aufweisen, heißen Odù, nach der Göttin Odù, die tatsächlich eine Metapher für „das Wort" ist, das „in den Beginnen in Gott weilte", so schreibt S. Juan de la Cruz. Innerhalb des Ifá-Kultlebens verkörpert die Göttin das heiligste Prinzip. Jeder Babálawo muss, bevor er sein eigenes Ifá-Ritual durchführt, eines für Odù halten – dies geschieht jedoch nicht öffentlich, sondern kann nur in Einsamkeit passieren. Odù, das weibliche Prinzip Ifás symbolisierend, ist sowohl Mutter als auch „Aya", sprich, Hauptfrau und Geliebte. Was nun die Gedichte betrifft – es handelt sich hier um 16 mal 16 mal 16 Stück – kann der Orakelpriester diese perfekt auswendig. In der rituellen Nachtwache des Jahresfestes für Ifá rezitiert ein – meist jüngerer – Babálawo die ersten 16 Odù, wobei die Anhänger des Kultes ihm daraufhin im Chor antworten und gleichzeitig kontrollieren, ob der Priester die verschiedenen Verse tatsächlich alle auswendig kann: Denn die Regel lautet, dass ihm weder im Wortlaut noch in der Melodie und vor allem nicht im Rhythmus ein Fehler unterlaufen darf. Drei Fehler sind das Maximum, das sich der Priester leisten kann – andernfalls würde er ausgeschieden und von einem anderen Babálawo ersetzt. Der Priester, der diese Texte rezitieren darf, muss vorher durch die Initiationsriten im Ilé Awo, einem Kulthaus, und vor allem durch die im Igbófá gegangen sein. Doch bloße auswendige Rezitation des Odù-Korpus ist noch nicht alles, was die Aufgabe des Babálawo betrifft. Es ist vor allem der flüchtig, aber richtig angedeutete Rhythmus, auf den es in diesem Ritual ankommt. Der Babálawo ist nur ein Gefäß; er ordnet ohne eigene Initiative archetypische Zusammenhänge und legt sie aus – nicht rational, sondern als physiologische Manifestation. Was seine Entwicklung betrifft, so beschreitet der Priester sogenannte „Würden"; diese sind wie eine Art eine Leiter, die er nach und nach emporsteigt. Wenn er stirbt, rückt der nächste nach. Die höchste Würde, Àràbà, wird also sicher erst im hohen Alter erreicht.

Jeder Schritt aufwärts ist mit einer neuen Initiation verbunden. Nur die höchsten fünf Würden eröffnen dem Priester die intimsten Mysterien Ifás, also erst nach vielen Jahren. Die Initiation in die Mysterien Odùs beginnt mit einer Feuertaufe, einem Ritual, das heutzutage nicht mehr oft begangen wird.

Ifá wird ständig von seinen Helfern begleitet, die sich Èsù und Òsonyìn nennen. Òsonyìn ist die magisch-mystisch-mächtige Erlebenskraft der Pflanze und verkörpert deren transformative Potenz in der Medizin. Er wird meist einbeinig dargestellt – wie die Pflanze selbst – und als eiserner, geschmiedeter Stab repräsentiert. Der Babálawo besitzt als Òsonyìn Altar-Paraphernalie so einen „Opa Orere eléye kon", was übersetzt bedeutet: „Stab Òsonyìns, trägt einen Vogel". Der Besitzer eines Opa Orere verhält sich meist sehr vorsichtig, damit dieser nicht umfällt oder auf dem Boden zum Liegen kommt, da das das Ende seines Pflanzenseins symbolisieren würde: die Pflanze, die auf dem Boden liegt, ist tot.

Der heiligste und geheimnisvollste Aspekt Ifás ist Èlà. Dieser verkörpert das Prinzip des Jünglings, er ist quasi der Kind-Mann Ifá. Èlà wird in den mythischen Texten jedoch kaum je erwähnt und ihm ist auch kein Ritual-Programm zugeordnet. Der Babálawo rezitiert zwar das entsprechende Odù, in dem Èlà erwähnt wird, doch es gibt keine individuelle Auslegung. Nach der entsprechenden Rezitation folgt nur mehr eine Aufzählung der Opfergaben, die aufgestellt werden müssen. Èlà steht in der Kultur der Yoruba für das Schicksal sowie für die Saite, die in den Bogen des Weltgeschehens gespannt ist.

Als paraphernalisches Werkzeug der Divination wird Èsù das Divinationsbrett – ein Brett aus Holz, auch Opón genannt, aus dessen geschnitztem Rahmen Èsù in die inneren Zusammenhänge des gegebenen Problems blicken kann – zugeordnet. Auf dieses wird Holzpulver, so genanntes Ìròsùn, gestreut. Bei diesem handelt es sich um den Rest eines von Termiten gefressenen Rotholzbaumes. Mit Hilfe von 16 ganzen Nüssen der Òpefá-Palme wird schließlich die ganze Divination durchgeführt. Die Òpèlè setzt sich aus 8 halben Ìkin-Palmnüssen, die auf einer Kette aneinanderhängen, zusammen. Der Babálawo hält die Kette in ihrer Mitte und wirft sie vor sich nieder, wobei sich aus dem Verhältnis zwischen konkaven und konvexen Hälften gewisse Zahlenkombinationen ergeben, die Antwort auf die Frage an das Orakel darstellen sollen. Doch es existiert auch noch eine ältere und intimere Methode der 16 ganzen Nüsse oder Karimuscheln.

In dieser lässt der Babálawo die Nüsse von einer Hand in die andere springen, wobei die in der Hand übrig gebliebenen und die in die andere Hand übersiedelten Nüsse die Zahlensymbole Odùs darstellen. Jede mögliche Zahlenkombination entspricht einem bestimmten Odù. Unter Odù versteht man die ewig ihre Jungfräulichkeit bewahrende Mutter des Orakels, die vom Orakelpriester betreut wird. Sie ist Metapher für das Wort. 16 mal 16 mal 16, das macht 4906, voneinander abgeleitete prophetische, mit herzhaftem Göttergelächter geladene Gedichte, durch die sich Ifá verkündigt, werden nach dieser Göttin benannt und heißen sich demnach auch Odù, was zu einer Begriffsverwirrung führen kann.[38]

Meistens werden die Rituale für Orí und Egbé zusammen durchgeführt. Auch Egbé ist eine Form von Olódùmarè in uns Menschen, meinen die Yoruba. Der Name bedeutet soviel wie Gruppe, Gemeinschaft oder Gesellschaft und repräsentiert als religiöse Instanz Gottes emotionelles Spektrum in seiner Ganzheit. Daher ist die symbolische Personifikation nicht eine Taube, sondern ein Taubenschwarm. Die Metapher der Taube hat in der Tradition der Yoruba demnach eine große Bedeutung: Taubenweibchen legen immer zwei Eier zugleich, die Jungen schlüpfen zugleich aus und wachsen zusammen auf. Auch später bleiben sie beieinander, paaren sich und bringen neue Generationen von nur einander heiratenden Zwillingen hervor. Wenn eines stirbt, so bleibt

38 Vgl. Gert Chesi, Susanne Wenger. Ein Leben mit den Göttern, Wörgl 1984.

das zweite bis zum Tod allein. Genauso versuchen die Yoruba auch ihr soziales und ethisches Verhalten zu gestalten.[39]

Bei den Ibéjì handelt es sich um zwei wichtige Figuren in der Yoruba-Kultur, die sich als Zwillinge manifestieren. Sie sind auch noch in der gegenwärtigen Tradition als besondere „Ará Òrun", als Himmelsbewohner angesehen. So müssen Zwillinge in regelmäßigen Abständen der sakralen Instanz Ibéjì, der sie angehören, Opfer bringen. Stirbt eines, so muss das andere eine das tote Kind repräsentierende kleine Figur mit sich herumtragen oder am Hausaltar verehren. Eine Kopie aller seiner neuen Kleider wird der Puppe mitspendiert. Die Zwillinge heißen immer Táyéwò und Kéèhìndé, was übersetzt soviel bedeutet wie „koste die Welt, komm hinterher". Manchmal werden die Ibéji auch als Edun – wie die heiligen Äffchen im heiligen Hain – oder als Omo Méjì, was übersetzt soviel bedeutet wie „zwei Kinder", bezeichnet.

Einer der letzten wichtigen Vertreter der Götter sind die Abikú, eine andere Art von Geisterkindern. Der Name Abikú heißt wörtlich übersetzt in etwa soviel wie „geboren, um zu sterben". In der Mythologie sterben die Abikú meist jung, um ihren Spielkameraden – ihrer Egbé – im Himmel wieder zu begegnen. Doch tun sie das nur, um sich bald von denselben Eltern erneut gebären zu lassen. Stirbt bei den Yoruba ein Kind, so pflegen die Eltern ein Zeichen in die kleine Leiche zu schneiden, um sie vor einem weiteren Tod in jungen Jahren zu bewahren.[40]

39 Vgl. ebd.
40 Vgl. ebd.

16. Schreine und Archetypen, Damals und Heute, Blätter und Bäume

Zwischen 1966 und 1979 wird Nigeria Schauplatz zahlreicher politischer Umwälzungen.[41]

„Zu dieser Zeit sind Termiten in den uralten Oshun-Schrein gekommen und haben ihn in kürzester Zeit fast zerstört", erzählt Susanne Wenger viele Jahre später, „die Oshun Priesterin Iya Oshun aus Oshogbo, die jetzt schon lange tot ist, hatte nach mir geschickt. Ich sollte helfen." Ojewale Amoo und Laani beginnen also in diesen Tagen, selbständig den Flussschrein Ojubo Oshogbo zu reparieren. Bei dem wichtigsten Helfer handelt es sich um Adebisi Akanji, der die Technik der Zementskulptur erlernt hat und Susanne Wenger fortan unterrichtete. Er erweist sich als kongenialer Partner beim Bau der großen Skulpturen und Architekturen und ist und bleibt Wengers gesamtes Leben lang von nicht zu unterschätzender Wichtigkeit für die Künstlerin. Aber auch die Bildhauer Buraimoh Gbadamoshi und Kasali Akangbe entwickeln während ihrer Arbeit an den Schreinen großes künstlerisches Talent. Von ihnen stammen die meisten Holzarbeiten im heiligen Hain. Inzwischen wird Susanne Wenger von ihren Anhängern „Mama Adunnis" genannt und übt starken Einfluss auf die Haltung vieler junger Yoruba-Künstler aus, obwohl sie jede direkte Lehrtätigkeit immer radikal ablehnt, da sie sich selbst als Lernende empfindet. Anhand ihrer Sammlung von „New Sacred Art" ist ersichtlich, dass Wengers Dynamik die traditionelle Kunstfertigkeit ihrer Yoruba-Kollegen zu eindrucksvollen Werken anregt. Dennoch geschieht dies, ohne ihnen einen europäisierten Stil aufzuzwingen. Ganz leicht, beinahe wie nebenbei, entsteht durch die Öffnung der beiden Kulturen ein vorbildliches Kunstwerk in

41 Vgl. https://de.wikipedia.org/wiki/Geschichte_Nigerias, Stand vom 19. April 2019.

einer Zusammenarbeit, die die Verbindung anderen Künstlern unausweichlich notwendig machte. Wengers Skulpturen weisen die kühnsten Konstruktionen auf und befinden sich informell im Einklang mit den Formen der Natur, fließen in sie über, gehen in die Erde zurück – und wachsen doch auch gleichsam in die Wolken hinein. Die in ihrer Massigkeit fast schwebende Figur der Iya Moopo, der sich in den Himmel reckende Ela, den Jünglingsaspekt des Orakelgottes Ifá manifestieren, die lianenartig verschlungene, allegorische Skulpturengruppe, die den Alajere/Obaluaye/ Shonponna-Mythos – all diese Werke wecken im Betrachter Erstaunen und Begeisterung. Weiters dient ein heiliges Töpferfeld, eine mit Elefantengras bewachsene Lichtung des urzeitlichen Waldes, als romantischer Schauplatz für drei der wichtigsten Objekte in Susanne Wengers Schaffen. Anhand dieses Feldes werden auch die Bezüge der ausgewählten Plätze zueinander am besten sichtbar. Menschen beziehen sich hier auf Menschen, Natur bezieht sich auf Kultur, die Hand bezieht sich auf die Erde, arbeitet an, in und mit ihr – bis es zu einem Verlöschen der Dualität kommt. Was bleibt, ist die Verbindung. So wird der Hain zu einem unentwirrbaren großen Ganzen aus Vergangenheit und Gegenwart, aus europäischem und afrikanischem Denken – und baut eine Brücke zwischen Natur und Kultur. Während der Arbeit an den „Sacred Groves" verliert für Susanne Wenger die Unterscheidung der Kategorien wie Architektur und Plastik immer mehr an Bedeutung, und in demselben Maße beginnt auch ihr Verständnis von Religion, Mythos, Spiritualität, Philosophie und Kunst zu einem unauflöslichen Ganzen zu verschmelzen.[42] Der „Heilige Hain von Oshogbo" ist also ein ganz großes Werk, eine im Einklang mit der Natur gewachsene und an ihr orientierte Kunst, dessen Erhaltung wir Susanne Wenger verdanken. Was im Besonderen fasziniert ist der unbedingte Wille der Künstlerin, die letzten alten Bäume des Regenwaldes zu schützen und in den gesamtkulturellen Kontext zu integrieren und so für deren Weiterbestehen zu sorgen. Alle Lebewesen sind in diesem Kontext gleich wichtig. Dahingehend thematisiert Susanne Wenger in ihren Arbeiten auch stets archaische Modelle wie den Baum, das Auge, Tiere wie Salamander, Schlangen oder Vögel. Besonders die Vögel scheinen es ihr

42 Vgl. https://susannewengerfoundation.at/de/wolfgang-denk-ueber-susanne-wenger, Stand vom 19. April 2019.

angetan zu haben, was bereits in Wengers Frühwerk klar wird, zu dem auch die Arbeit „Die Vögel sind nicht eingeladen“ zählt. So schreibt sie über den Hain: „Was der Besucher zuerst bemerkt, das sind die vielen Vögel. Abends segeln die Milane heiter durch das Blau des Himmels.“

Einen Phallus-Kult der Götter hat Wenger in ihren Werken berücksichtigt, genauso wie sie in ihrer Poesie die Machart der Yoruba Oriki, sprich den Rhythmus beim rituellen Tanz und Gesang, einbezog; darin unterscheidet sich das dynamische Gleichgewicht, ihrer in Naturchiffren eingeflochtenen Figuren von der traditionell statischen Arbeitsweise des Yorubavolkes. Doch an dieser Dynamik der Formen ihrer Schreine, Mauern und Götterfiguren stoßen sich nur wenige, und die Yoruba-Priester selbst erkennen die Neuschöpfungen Wengers und ihrer Anhänger, der Künstler der „New Sacred Art“, aus dem Geist der Moderne, da sie im Einklang mit Religion und Natur verstanden wird. Was die Anerkennung des heiligen Hains betrifft, so wird dieser 2005 zum UNESCO-Kulturerbe ernannt.

Diese Tatsache trägt zwar zur Erhaltung der Kultstätte bei und unterstützt die laufenden Restaurationen des lebendigen Kunstwerks, erweist sich aber als teilweise als kontraproduktiv, denn nun drohen die „Sacred Groves“ zu einer Touristenattraktion zu werden.

Wenger indes verbringt viel Zeit im Hain und kommuniziert mit den Tieren, in denen sie Archetypen wiedererkennt. Was die Archetypen betrifft, so waren diese ja von jeher wichtig für Wengers Werk; sie manifestierten sich erstmals in den Buntstiftzeichnungen, die in den Jahren 1943 und 1944 während der Bombennächte in Wien entstanden. Sie scheinen förmlich zu explodieren – was anhand der angstauslösenden Vorstellungen dieser Bombeneinschläge auch nicht weiter verwunderlich erscheint. Wenger koppelt hier archetypische Bilder mit Elementen der damals verbotenen modernen Kunst, der sogenannten „entarteten“ Kunst. Ihr Bild „Der grüne Träumer“ verknüpft den Geist C. G. Jungs mit afrikanischen Masken. Diese Bilder strahlen auch einen kollektiven Willen zur Form aus, der wie die Kunsthistoriker Carl Einstein und Aby Warburg zur Erweiterung und Öffnung des Kunstbegriffs anmerkten, beitrug. Exotische Pflanzen, Trance und Initiationstod, wie ihn die schamanischen Vertreter praktizieren, und Maskierung beim Kontakt mit göttlicher Energie, werden hier zum Thema.[43]

Doch auch in den anderen Blättern dieses Zyklus treten Tiere als schamanistische Hilfsgeister auf, die die Verwandlung des Menschen in ein wildes Tier darstellen, die geschieht, wenn Krieg herrscht. So finden wir in „Der monströse Hasenriese“, „Der Tod in Schafsgestalt“ und „Der rote Vogelpopanz“ transkreatürliche Metamorphosen. Daraufhin befragt, betont Wenger Zeit ihres Lebens ihre eigene Nähe zu Wildtieren: mit den Giftschlangen im Wald von Oshogbo verbindet sie ein Stillhalteabkommen, während die Affen ihr gerne bei der Arbeit zusehen. In den Blättern „Die Mörderbestien“ oder „Die vier Gebärenden“, die vor ihrer Zeit in Afrika entstehen, macht Wenger auch den Mythos des Verschlungen-Werdens durch ein Ungeheuer zum Thema.

Im zyklischen Kreislauf als wichtigen Aspekt des spirituellen Lebens mit der Natur ist Susanne Wenger tief eingebettet. In einer Darstellung lässt sich erkennen, dass ein Mensch nach seiner Zerstückelung im Inneren des Tiers wie im schamanischen Initiationstod neu zusammengesetzt und wiedergeboren wird. Angesichts dieser Bilder lässt sich annehmen, dass Wenger wohl bereits in die Literatur Hans Findeisens und anderer Autoren wie Mircea Eliade, die über Schamanismus schreiben, eingelesen ist. Die nach außen verlagerten Kräfte der himmlischen Wesen werden in den Tieren symbolisiert. Leben und Tod gehören in diesen Arbeiten, die durch ihre Farbenpracht, die jedoch eine Brücke zu ihrem düsteren Inhalt baut, bestechen, untrennbar zusammen. In dem Bild „Die Mörderbestien“ fliegen so vom Rumpf abgetrennte Menschenköpfe unter einem archaisch schönen, mit Blitzen durchwachsenen Himmel durch die Luft. Was den Stil dieser Blätter betrifft, so sind diese zweifellos mit der Strömung „Art brut“ verwandt, die ab 1922 auch als „Bildnerei der Geisteskranken“ bezeichnet wurde. Im Fall einer öffentlichen Ausstellung wären die Arbeiten damals zweifellos als „entartet“ klassifiziert und konfisziert worden. Wenger zeigt sie erst nach 1945 in den ersten Präsentationen des von ihr 1946 mitbegründeten Art Club; aber auch da lösen sie Diskussionen, negative Reaktionen und Befremden aus, begeistern jedoch die jungen Künstler des späteren

43 Vgl. https://susannewengerfoundation.at/de/wolfgang-denk-ueber-susanne-wenger, Stand vom 19. April 2019.

phantastischen Realismus. In dieser Zeit nach 1949 ist Wenger längst aufgebrochen. Sie ist einen weiten Weg gegangen, der sie von einsamer Arbeit in Bombennächten zu dem Erbauen eines kollektiven Werkes in Afrika geführt hat. Die Blätter haben sich in Materialien aus der Natur verwandelt, aus dem kleinen Atelier in Wien ist ein riesengroßes Haus nahe dem Dickicht des Regenwaldes geworden, aus der Isolation ein Leben in einer Gemeinschaft mit 14 adoptierten Kindern und einer großen Anzahl an Freunden und Vertrauten. Was zweifellos geblieben ist, das ist die Beschäftigung mit Mythos und Religion – und die Suche nach Archetypen, vor allem auch in und mit der Kommunikation von Tieren. Leitmotivisch spinnt sich diese, einem Faden gleich, Wengers ganzes Leben hindurch weiter.[44]

44 Vgl. Gert Chesi: Ein Leben mit den Göttern. 1980, Perlinger Verlag.

17. Ansätze, Strömungen

Überschneidungen und Ähnlichkeiten gibt es, wie bereits erwähnt, zwischen Wengers Werk und der Art brut – im Besonderen der von Jean Dubuffet. Das bezieht sich nicht nur auf die raumgreifende Form der Archiskulptur, der Dubuffet sich in der Natur erst relativ spät – z.B. in seinem „Jardín de Invierno" – gewidmet hat, sondern auch auf sein Vorhaben, Kunst völlig neu und unverbildet zu gestalten. Anregung von Laien, Kindern, Naiven und Behinderten werden bei Dubuffet zur wichtigsten Inspirationsquelle. Durch ihre in den heiligen Hainen gestalteten Höhlen und Labyrinthen scheint Susanne Wenger unbewusst auch mit ihren experimentellen Gärten und begehbaren Skulpturen an Arbeiten von Niki de Saint Phalle zu erinnern. Diese vertritt jedoch einen eher spielerischen Ansatz: Mit der durch eine Vagina betretbaren Figur „Hon – en katedral" („Sie – eine Kathedrale") samt Kino und Bar in Bauch und Busen konnte Niki de Saint Phalle 1966 das göttliche Prinzip der Welt mit Hilfe einer weiblichen Gestalt erfahrbar machen. Ihr Kunstwerk macht den archetypischen Weg der Rückkehr in den Mutterbauch der Erdgöttin nach dem Tod nachvollziehbar und entbehrt dennoch nicht des Humors.

Vergleicht man Wenger mit Saint Phalle, so ist eines auffällig: Die weiblichen Archetypen der „Großen Mutter" werden in beiden Fällen thematisiert. Während Saint Phalle ihre Nanas vital aussehen lässt und bunt anmalt, widmet sich Wenger in ihren Schreinen und Figuren zu Ehren einer Flussgöttin der Yoruba der Lebenskraft der Natur – und tritt in Dialog mit ihr.

Zwar beschäftigt sich Wenger da im Gegensatz zu den Matriarchats-Forscherinnen der Nachkriegszeit – darunter Susanne Wengers Freundin Luisa Francia – die gegen den von ihr sehr geschätzten und wichtigen C. G. Jung polemisierten – in ihren frühen Jahren kaum mi-

Feminismus. Die Künstlerin fühlt sich in ihrer persönlichen Auslegung als Frau stets schöpferisch und „berufen" und meint, dass das Matriarchat C. G. Jungs in Gegensätzen ohnehin zeitlos vorhanden und immer reaktualisierbar sei. Dennoch ist die Kraft des Weiblichen in ihren Werken stark zu spüren.

Ein Aspekt, der Wengers Werk ohne Zweifel auch mit auszeichnet, ist der Fokus auf frühgeschichtliche künstlerische Darstellungen. Durch die verstärkt auf die Ur- und Frühgeschichte ausgerichtete Forschung entsteht zu Beginn des Jahrhunderts eine unsichtbare Verbindung zwischen der „automatischen Handschrift" der Surrealisten und den „Maccaroni"-Linien in den Steinzeithöhlen. Das hat eine neue Sicht zur Folge, die ohne die so gerühmten Fortschrittsideen auskommt, ja diese sogar zu verweigern versucht. Der Mensch nach 1945 muss nun auch im Bereich der Kunst akzeptieren, dass die Lehre der Evolution zum höheren Wesen hin durch die Nazi-Schreckensherrschaft einen empfindlichen Rückschlag erlitten hat und dass der Begriff „Zivilisation" auch hinterfragt werden sollte. Ähnlich den Schreinen der alten Yorubareligionen bröckeln auch die Ansichten des Fortschritts in der Moderne, ja, bröckelt die Gattung der Moderne selbst. Was folgt ist eine Art Rückbesinnung: In dieser Zeit entsteht die Strömung der „Land Art", deren Fokus Kunst im direkten Kontext mit der Natur ist und die sich stark auf den Situationismus zu Beginn des Jahrhunderts bezieht. In dieser Bewegung verlassen Künstler die Enge des Ateliers und wandern über Wiesen und Wälder hinaus in die Weite der Wüsten, Bergwelten und Meere oder auch in den urbanisierten Raum. Diese Arbeiten beinhalten stets – ähnlich den Skulpturen Wengers – zumindest unterschwellig eine sozialkritische Aussage und viele verweigern sich den klassischen Kunstmarkt sowie den Museumsraum. Aber auch Konzepte wie „Lightning Field" von Walter de Maria, die Steinkreise von Richard Long oder „Spiral Jetty" von Robert Smithson entstehen, die sich mit archetypischen Grundformen auseinandersetzen, ohne aber den Aspekt der Spiritualität in den Vordergrund zu stellen. Was nun die Strömung der Land Art betrifft, so hat das Mitwirken der Natur ihr eigenes Ablaufdatum – eine weitere Parallele zu Wengers heiligem Wald, der ja auch wuchert, wächst und wieder verfällt. Bei der Begehung eines solchen Kunstwerks kommt es zu einer Verbindung des Prozesshaften – im sakralen Sinn einer Prozession durch die Besucher – mit einer klassischen körperlichen Erfahrung; ein

Ansatz, den man auch bei Werken von Dennis Oppenheim und James Turrell wiederfinden kann.

Denn, schenkt man C. G. Jung und den Ideen Rudolf Steiners Glauben, so bilden der menschliche Körper und die Seele eine Einheit – eine Vorstellung, die auch in der Literatur von Walt Whitman über Ezra Pound und James Joyce bis Allen Ginsberg in die Beat- und Hippie-Generation ihre literarische Entsprechung findet. Susanne Wengers Werk hat zeitliche wie poetische Anteile an dieser „Aussteigermentalität". Was den Glauben an den Künstler als Eingeweihten in das „Große Geistige" – wie Wassily Kandinsky es schreibt – betrifft, so ist dieser nach den Wirren des 2. Weltkrieges zwar fast erloschen, dennoch ist und bleibt die Seele in Bezug zur Natur Thema künstlerischer Werke. Doch was nun folgt, ist eine neue Geisteshaltung: Witz, Ironie und Analyse halten danach Einzug in der Kunst der Postmoderne – und mit ihr einhergehend eine neue Form von Vitalität, die man auch in Wengers Arbeiten findet.[45]

„Allmählich sind die Tiere in den Hain zurückgekehrt", schreibt Susanne Wenger demnach auch während der Zeit, in der sie die Schreine wiederaufbaut.

„Im Laufe der Jahre haben die Menschen akzeptiert, dass diese Tiere an diesem Ort geschützt sind, und das Jagen und Fischen in diesem kleinen Wald aufgegeben. In den sehr seltenen Fällen, in denen man jemanden beim Jagen und Fischen im Oshun erwischt, ist es unweigerlich ein Fremder – vielleicht ein Polizist, der vor kurzem aus einem anderen Teil Nigerias hierher versetzt wurde und noch nicht um die Heiligkeit dieses Ortes weiß."[46] So war die Lage, als Wenger beginnt, den heiligen Hain rund um den Oshun-Fluss ihre Heimat zu nennen.

45 Vgl. NÖ Landesmuseum / Ausstellung 30. November 2013 bis 12. Oktober 2014 Kuratorin: Alexandra Schantl.

46 Vgl. Susanne Wenger: Eine biographische Collage, S. 58.

18. Über Vögel und Menschen

Wengers Werke kreisen immer wieder um das Tierische, wobei Tiere stets für einen archetypischen Aspekt im Menschen zu stehen scheinen. Besonders die Vögel haben es der Künstlerin angetan, obwohl es zu Beginn ihrer Schriften heißt: „Zuerst mochte ich diese Vögel nicht.“[47] Susanne Wenger erklärt ihre Abneigung damit, dass es ihr zuwider sei, wie diese Tiere am Firmament kreisten und dann die kleinen unschuldigen Buschratten töten würden. „Und diese plumpen „bushrats“ wie die Nigerianer sie nennen, sind sehr liebe Tiere!“[48], fügt Susanne Wenger in ihrem Schreiben hinzu. Sofort vergleicht sie die „bösen“ Artgenossen, diese jagenden Milane, mit den Menschen und meint, dass diese ihnen in Grausamkeit gleichen würden. Ja, ehrgeizige Sportler sind diese Milane, die sich „auf die Meisterschaft im Segelfliegen vorbereiten.“[49]

Doch was die Spezies der Vögel betrifft, so gibt sie schließlich zu, dass sie eine Vorliebe für die Segelflieger habe, aus dem Grund, da sie mit dem Wind kämpfen würden. Susanne Wenger befasst sich also ausführlich mit den Milanen und durch ihre täglichen Beobachtungen entdeckt sie mehr und mehr spannende Seiten der Tiere: „(...) manchmal sammeln sie sich in großer Anzahl am Abend. Ihre Flugbahnen verweben sich in komplexen Mustern, sie überlappen sich wie Wellen und ihre Bewegungen haben etwas Festliches an sich.“[50] Es scheint, als habe der Flug der Tiere eine Art Struktur und Vorhersehbarkeit in sich – Susanne Wenger jedenfalls vergleicht deren Choreographie mit der der Wellen, die übereinander schwappen – und dabei auf festliche Art und Weise das

47 Vgl. Susanne Wenger, eine autobiographische Collage, S. 58 ff.

48 Vgl. Susanne Wenger, eine autobiographische Collage, S. 58 ff.

49 Vgl. ebd.

50 Vgl. ebd.

Leben zu feiern scheinen. „Es scheint, als würde darin ein System liegen, das ich nicht verstehe!", schreibt Susanne Wenger, und „Sie gleiten mit minimalen Flügelbewegungen dahin, dann schlagen sie plötzlich energisch mit den Flügeln und steigen empor. Natürlich weiß ich nicht, was das alles bedeuten soll, aber ich habe es ein rituelles Spiel genannt."

Doch noch weitere Beobachtungen stellt Susanne Wenger das Nestbauen dieser besonderen Tiere betreffend in ihrer neuen Heimat an. So fällt ihr auf, dass es sich bei diesen Raubvögeln um sehr präzise Nestbauer handelt, die außerdem darauf bedacht sind, ihre Heimstätte immer möglichst hoch oben in den Astgabeln anzubringen. Was ihr augenscheinlich gefällt, ist, dass diese Vögel sich gegenseitig beim Füttern der Kinder helfen und in monogamen Konstellationen leben.

„Man kann sie hoch oben auf einem Zweig sitzen und die Landschaft überblicken sehen. Das hat nichts mit Nahrungssuche zu tun – sie scheinen in einer andächtigen Stimmung zu sein und die Gegend zu beobachten. Einige von ihnen warten fast bis zur völligen Dunkelheit, bevor sie zu ihrem Nest zurückkehren."[51]

Eine andere Vogelgattung, mit der sich Susanne Wenger überaus intensiv auseinandersetzt ist die der Nashornvögel, die man auf Yoruba „art ala ati oro" nennt. Bei diesen handelt es sich in der Yoruba-Kultur um sogenannte heilige Vögel, wobei das Wort „ala" auch das weiße Tuch beschreibt, das die Yoruba-Priester in ihren Zeremonien einzusetzen pflegen. Vielleicht ist dies der Grund, dass die Vögel wie göttliche Wesen behandelt werden? Jedenfalls würde kein Yoruba es jemals wagen, die Nashornvögel zu töten, ja ihnen auch nur ein Haar zu krümmen, obwohl die Vögel, ganz und gar nicht ihrem Namen entsprechend, schwarz und nicht weiß von Farbe sind. Was die weiteren Teile des Namens betrifft, so ist „oro" auch im Zusammenhang mit „Orisha" zu lesen – eine Tatsache, die Susanne Wenger noch in ihrer Verbundenheit zu den Vögeln zu bestärken scheint. „Ich fühle mich ihnen so nahe, dass sie in meinen Meditations-Formeln vorkommen"[52], schreibt Susanne Wenger in einem ihrer Texte und schildert in eindrucksvollen Worten die besondere Intuition dieser Vögel. „Sie scheinen Dinge zu

51 Vgl. ebd.

52 Vgl. ebd.; Nashornvögel (Bucerotidae) = Familie der Vögel, die in den Tropen Asiens und Afrikas beheimatet ist.

erahnen. Sie fliegen immer über unseren Köpfen, wenn etwas Wichtiges geschieht, wenn etwas Gutes geschieht."

Das erste Mal begegnet Susanne diesen Wesen, als sie mit der Arbeit am heiligen Hain beginnt, und es kommt ihr so vor, als ob die Tiere nur versuchen würden, sich mit ihrem überproportional groß geratenen Kopf und Schnabel in der Luft zu halten. Diese Zerbrechlichkeit, diese Unbeholfenheit gefällt der Künstlerin überaus. Fast scheint es so, als hätte die Schöpfung den Wesen ihren Schnabel eben erst gegeben und als würden die Nashornvögel um ein Leben mit ihm ringen, sich in großer Anstrengung bewegen. Ist es nicht auch das, was Kunst bedeutet: ein großer Kraftakt für etwas, das die Zeit dennoch nicht überleben wird? Ist es diese Vergeblichkeit, gepaart mit der Unschuld, die Susanne fasziniert? Jedenfalls scheint zwischen ihr und den Nashornvögeln eine emotionale Parallele zu bestehen, die Susanne Wenger mit „leben lernen", und „erdverbunden leben lernen" tituliert.

Heilig also scheinen sie zu sein, diese tollpatschigen Nashornvögel – und gleichzeitig strahlen sie eine so große Kraft aus, dass kein Yoruba es wagen würde, sie zu töten. Im Normalfall hausen die riesigen Tier in Hohlräumen alter Bäume. Da jedoch sehr viele dieser alten Bäume vom Absterben bedroht sind, versuchen die Vögel, neue Orte zu finden, an denen sie ihre Nester bauen können. Und es scheint so, als würden sie trotz der sukzessiven Zerstörung ihres Lebensraumes nicht ausgerottet werden können. Ein weiterer wichtiger Aspekt, der Susanne an den Tieren mit den großen Schnäbeln zu begeistern scheint, ist die Art des Schreies, den sie ausstoßen. Zum einen beschreibt Wenger diesen Schrei so, dass er einem das Gefühl gebe, die Tiere litten Schmerzen – zum anderen aber scheint es wiederum, als würden sie ein hysterisches Lachen von sich geben. Und noch eine Überlegung hat die Schamanin: „Vielleicht kreischen sie ihre unorthodoxe Weisheit hinaus. Sie verhalten sich so, als ob sie eine gewisse Narrenfreiheit hätten."[53]

Was an den Nashornvögeln auch ansprechend zu sein scheint ist die Tatsache, dass sie einen gewissen Rhythmus vorgeben, der sich zu unterschiedlichen Jahreszeiten anders gestaltet. So gibt es im Jahresablauf Abschnitte, in denen sie miteinander in Dialog treten. Vor allem junge Paare zirpen in ihren Brunftzeiten miteinander, während ihre Äußerun-

53 Vgl. ebd.

gen einander ergänzen. „Als ob sie verschiedene Silben desselben Wortes ausspräche n"[54], so schildert Susanne Wenger dieses Gekreische und Gezirpe und vergleicht die Tiere im Anschluss mit zwei Trommlern, den sogenannten traditionellen Bata-Trommlern, die ein Oriki gemeinsam trommeln. Während nun diese Vögel schreien, schlagen sie mit ihren Flügeln gleichzeitig den Grundrhythmus ihres Klanges. Dabei fliegen sie allerdings in einem relativ weit voneinander entfernten Abstand und sitzen auch stets auf verschiedenen Ästen. Der Flug selbst vollzieht sich immer in gerader Linie. Ist es das, die Individualität, die Nähe in der Distanz, die Susanne Wenger begeistert? Schmunzelnd denkt man an ihre Ausflüge, an ihr Meiden menschlicher Kontakte während der Studienzeit – und meint in Susanne Wenger selbst so einen Vogel sehen zu können.

Was ihre Art des Fliegens betrifft sind also die afrikanischen Nashornvögel mehr als außergewöhnlich. Denn die meisten anderen Vögel, wie in etwa die Silber- oder auch die Kuhreiher, haben eine ganz andere Form des Fluges.

Was nun die Kuhreiher, die sogenannten „Lekeleke", betrifft, so hausen diese meist nahe am Fluss, begeben sich jedoch unter Tags auf „Wanderschaft" in den Himmel. Oft legen die Kuhreiher innerhalb von 24 Stunden weite Strecken zurück, da sie mit den Rindern leben, die weit weg vom Fluss grasen. Auch hier ist die Art des Fliegens faszinierend: Die Reiher beginnen in einer bestimmten Formation und gruppieren sich dann langsam in neuen Mustern. Susanne Wenger jedoch rätselt: „Aber ich weiß nicht, was für eine Sprache sie verwenden, um sich über diese Ideen zu verständigen. Es ist fast wie eine Art Schrift. Wie alte Runen. Alle ihre Informationen beruhen auf der Pfeilform, aber mit unzähligen Variationen." Susanne Wenger analysiert, dass es sich da um eine Art der Sprache handeln muss. Spannend ist der Aspekt, dass die Vögel ihre flugartige Kommunikation offenbar sehr langsam betreiben, und oft scheint es, als müssten sie sich überaus konzentrieren, um diese „Gespräche" – oder soll man lieber sagen diese „Tänze" – auszuführen. Es scheint anstrengend sein, Bedeutungen zu erschaffen. Spannend ist auch, dass die wenigen Laute, die die Vögel hin und wieder von sich geben, so gar nicht zu ihrem schneeweiß leuchtenden Gefieder passen:

54 Vgl. ebd.

Tatsächlich, aus ihrem Schnabel dringt nichts anderes als ein heiseres Krächzen, das einen seltsamen Kontrast zu deren anmutigen Gestalten bildet. Wenger beobachtet weiters, dass diese Tiere bei ihren Flügen stets mit einer Vor- sowie einer Nachhut fliegen. Das ist jedoch immer nur ein einziger Vogel. „Wenn sie in Formationen fliegen, scheinen sie in einer Art Trance zu sein", schreibt Susanne Wenger, und „diese diagrammartige Sprache nimmt sie vollkommen in Anspruch, sie brauchen absolute Konzentration, und das macht sie verletzlich. Daher brauchen sie Späher."[55]

Die letzte Vogelart, die Susanne Wenger in ihren Schriften beschreibt, ist die der „Graureiher". Selbst eine „graue Phase" durchlitten habend, stellen diese Tiere für die Neo-Schamanin ohne Zweifel eine große Besonderheit dar. „(...) sie sind heute fast verschwunden"[56], schreibt Susanne Wenger über diese Reiher und fährt fort: „Vielleicht verstecken sie sich vor den Menschen."[57]

Auch hier kommt es uns so vor, als sähe Susanne Wenger sich selbst in den Graureihern, sie, die vor der Gesellschaft stets geflohen ist und in der Natur Zuflucht gefunden hat. Als Grund für die Flucht der Vögel gibt Wenger an, dass die Yoruba die hohlen Knochen der Graureiher oftmals für medizinische Zwecke verwenden würden. „Es gibt bestimmte Medizinen, die ein Patient in winzigen Mengen durch die hohlen Röhrenknochen eines Reihers einnehmen soll", fährt Wenger fort. „Viele dieser Medizinen sind homöopathisch: winzige Mengen mancher Gifte können heilen. Wenn man auf den Markt geht, sieht man, wie die Lekuleja (Medizinverkäufer) noch immer diese Reiherknochen zum Kauf feilbieten."

Susanne Wenger tut also auch hier in dem heiligen Hain dasselbe, was sie überall sonst gemacht hätte: Sie beobachtet die Natur und lernt von ihr. Dabei scheint stets der Mensch der Vernichtende zu sein, während die Vögel eine Metapher für Freiheit und Erdverbundenheit darstellen.[58]

55 Vgl. ebd.

56 Vgl. ebd.

57 Vgl. ebd.

58 Seit frühester Jugend hat Susanne Wenger sich selbst oft als „Vogel Wandelbar" bezeichnet.

19. Von Fischen, Schlangen und Affen

Besondere Freunde der initiierten Yorubapriesterin sind aber natürlich – denn die Gottheit, die Königin des Flusses Oshun, ist durch sie verkörpert – auch die Fische. Der Fluss selbst, Wohnstätte dieser Tiere, ist bis an ihr Lebensende ihr wichtigster Arbeitsplatz: „Zur Arbeit an den Skulpturen im Hain... füttere ich immer die Fische mit altem Brot. Fische gehören zu Oshun, der Göttin des Flusses. Dann sitze ich am Fluss und das ist nicht einfach so ein ‚Bacherlsitzen'. Der Fluss hat eine besondere Energie. Ich bin ja keine Buddhistin, aber die Meditation gefällt mir schon sehr gut. In der Yoruba-Tradition leben die Götter mit den Menschen in einer Gemeinschaft. In einer so aufregenden Grenzsituation müssen die Rahmen passen, es muss alles genau stimmen. Der Lärm hat diese nur fast-physischen Geschöpfe natürlich weggedrängt. Mit diesen Moscheen das ist ja wirklich grauenhaft – jeder Compound hat da eine Moschee mit Lautsprechern, da werden die Götter beschimpft. Der Herrgott hat seinen Thron dem Geld überlassen. Aber die Leute mit denen ich lebe, sehen von dem Geld nichts. So wird es immer schwerer. Es ist natürlich schon aufregend mitten drin zu sein, wenn man noch ein bisschen Optimismus hat. Ich bin imstande sehr schnell zu vergessen und neue positive Schwingungen aufzunehmen. Mein Aufenthalt am Fluss, den ich mir sehr erkämpfe, stärkt mich. Der heilige Fluss ist natürlich schon etwas sehr Besonderes. Das Ritual, das seit Urzeiten dort ausgeführt wird, sehr viel Kraft da hineingelegt. In jedem Ritual wird die Welt neu erschaffen. Jetzt wird ja jedes Ritual mit Video gefilmt, mit allem wird Geschäft gemacht. Aber es ist nicht gut, an den abgeschnittenen Fingernägeln der Götter zu verdienen. Man muss halt lernen außerhalb der Zeit (beyond time) zu denken. Der Fluss war natürlich schon heilig und etwas Besonderes bevor die Yoruba kamen. Er war der Wohnort für vormenschliche Geschöpfe, die ja für uns jetzt auch noch existieren. Dass ich den Fluss und den Hain verteidigt und beschützt habe, dass macht das Leben sinnvoll und es erübrigt sich die Frage: soll ich den Rest meines Lebens wirklich in dieser Dekadenz, die überall ist, weitermachen...“[59], erklärt Wenger in einem Interview mit Luisa Franca.

In diesen Jahren fällt ihr, die sie die meiste Zeit in der Wildnis der Landschaft verbringt, Folgendes auf: Nach und nach scheint die Natur im heiligen Hain sich zu verändern; so schreibt Susanne Wenger in den 80er Jahren, sie sei überaus beunruhigt wegen der Fische. Die Künstlerin beobachtet, wie die Anzahl dieser Tiere im Oshun-Fluss mit jedem Jahr zu sinken scheint. „Vielleicht wird der Fluss weiter oben bei Ilesha durch Abwasser verschmutzt. Gottlob kippt niemand in Oshogbo seine Abfälle in den Fluss, aber während der starken Regenfälle können die Sturzfluten des Regenwassers allen möglichen Plastikmüll in den Oshun spülen.“[60]

Susanne Wenger berichtet von ihrem Weg in die Arbeit, der sie stets entlang des Flusses führt. Meistens trägt sie während dieses Spaziergangs altes Brot bei sich, das sie hin und wieder ins Wasser wirft, um die Fische damit zu nähren. Dann sieht sie dabei zu, wie diese Tiere hochschnellen und in vergnügten Sprüngen nach den Krumen schnappen. „Aber dieses Jahr schwimmt das Brot einfach weg“, schildert Susanne, „ohne dass es angerührt wurde. Und wenn ich zum Lakokan-Flussschrein hinuntergehe, am Ufer sitze und die Füße ins Wasser baumeln lasse, kamen gewöhnlich Fische und knabberten daran. Aber dieses Jahr kommen sie nicht.“[61]

Susanne Wenger rätselt: Verstecken sich die Tiere? Manchmal nämlich suchen die Wasserbewohner Zuflucht in so genannten Ibu, in kleinen tiefen Löchern, die sich im Fluss befinden. Susanne hofft dann immer, dass dieses Jahr vielleicht einfach nur die Strömung zu stark sei und die Fische diese meiden wollen würden. Doch man spürt ihre Angst, als sie daraufhin notiert: „Oder sind sie vom Abfall vergiftet worden?“[62]

59 Vgl. https://susannewengerfoundation.at/de/priesterin-der-yoruba-nigeria, Stand vom 19. April 2019.

60 Vgl. Susanne Wenger, eine biographische Collage, S. 68 ff.

61 Vgl. ebd.

62 Vgl. ebd.

Doch nicht nur um die Fische bangt Susanne Wenger, auch die Spezies der Schlangen ist ihr inzwischen sehr ans Herz gewachsen, obwohl sie ihr mit Respekt begegnet: „Ich muss vor ihnen auf der Hut sein, weil ich sehr leise gehe, meistens barfuß, und nicht viele Schwingungen auf dem Boden erzeuge.“[63]

Dadurch kann es sein, dass Wenger eines der Tiere überrascht – was überaus gefährlich sein kann. Denn nur wenn die Tiere wissen, dass jemand sich ihnen nähert, entfernen sie sich gelassen. Keine Schlange greift freiwillig an – soviel hat Susanne in ihren Beobachtungen und Erfahrungen gelernt. „Nur die alten Mambas, wenn sie zu alt geworden sind, um noch eine Frau zu finden – dann werden sie zornig“[64], schildert Wenger, und sofort meinen wir, wieder an einen gewissen Menschenschlag denken zu müssen. Auch wenn Susanne Wenger im darauffolgenden Absatz schildert, wie der Kopf der männlichen Schlange rot wird, wenn sie sich ärgert, scheint man gefährlich heftig an so manchen Artgenossen erinnert zu sein. „Dann kann man ihr nicht trauen. Dann kann sie die Gesetze ihrer Gattung brechen“[65], schreibt Wenger. Wie Recht sie damit hat!

Was das Töten dieser Tiere betrifft, so verbietet Susanne Wenger ihren Kollegen, dies zu tun. „Wenn man sie angreift, macht man sie nur gefährlicher“, erklärt Wenger. „Aber ich kann die Welt nicht ändern. Die Menschen töten immer wieder.“[66] Ein archetypischer Satz, der auf eine sehr gute Art und Weise beschreibt, was von jeher in der Welt geschieht. Susanne schildert einige Erlebnisse mit diesen besonderen Reptilien. So schreibt sie, dass sie einige Zeit lange sehr viel in der Region von Ontotoo gearbeitet habe und dort einen Maurer kennengelernt habe, den man Kasali nannte, was soviel bedeutete wie „der Stei“. Diesen bezeichnet Wenger in ihren Schriften als „Fachmann im Schlangentöten“. Damals also arbeitet eine große Schar an Kindern bei Susanne Wenger, die normalerweise am Morgen zum Frühstück erscheint und abends nach getaner Arbeit wieder einkehrt. Eines Tages, als Susanne Wenger aus dem Haus tritt, sieht sie, wie sich eine riesenhafte Mam-

63 Vgl. ebd.
64 Vgl. ebd.
65 Vgl. ebd.
66 Vgl. ebd.

ba mit rotem Schädel dem Ogboni-Schrein nähert, vor dem die Kinder kauernd nebeneinandersitzen. Sofort ruft Susanne Wenger nach Kasali, doch noch bevor es diesem gelingt, die Pistole zu zücken, hat schon ihr Hund Ewenla die Schlange angegriffen. „Hunde töten Schlangen, wie die Schweine sie töten“, erklärt Wenger lapidar in einem Nebensatz, „sie springen mit den Vorderbeinen auf sie und brechen ihnen das Genick.“[67] So auch Ewenla. Doch es gibt dabei ein Problem: Wenn die Tiere die Schlange nicht in der Nähe des Kopfes treffen, kann die Schlange überleben, sich winden – und beißt schließlich zu. Aber Ewenla gelingt es, die aggressive alte Mamba dennoch zu Boden zu ringen. Sie winden sich eine kurze Zeit lang umeinander, doch letzten Endes hat der Hund den Kampf gewonnen. Nun hat Kasali nur noch eine Aufgabe: Er muss dem Tier Kopf und Schwanz abhacken und beides tief in der Erde vergraben, denn angeblich seien diese beiden Glieder des Tieres giftig. Gesagt, getan. „Der übrige riesige Körper wurde unter viel Lärm und Gelächter gekocht und gegessen“[68], schreibt Susanne Wenger.

Manchmal scheint es sogar, als würden die Giftschlangen ihre Zuflucht bei Susanne Wenger suchen: Sie legen ihre Eier in eine ihrer großen Skulpturen. „Dann sind sie natürlich sehr nervös“, versteht Wenger die brütenden Tiere, „und ich mußte sehr vorsichtig sein. Ich nehme einen dünnen Stock und schlage damit gegen den Zement, wie um zu sagen: Jetzt bin ich da!“[69]

Diese Art der Kommunikation funktioniert offenbar. Dass Löcher für Reptilien angenehme Zufluchtsstätten darstellen, ist Susanne Wenger klar: So weiß sie, dass viele Schlangen auch die Löcher der Okete, der Wasserratte, benutzen. „Sie sind wie der Kuckuck“, schreibt Wenger. „Sie lassen andere für sich arbeiten.“ Da die Okete normalerweise zwei Eingänge aufweist, schiebt die Ratte, wenn sie sieht, dass die Schlange von einer Seite hereinkriecht, von der anderen Seite der Behausung aus einen Stein hinein. Dadurch wird die Okete in zwei Wohnungshälften geteilt. Von den Baumschlangen wiederum wird, so Wenger, von ihren Helfern erzählt, dass sie sogenannte Spaßvögel seien – wobei die Künstlerin dies jedoch durchaus anzweifelt. Jedenfalls weisen sie das Aussehen

67 Vgl. ebd.
68 Vgl. ebd.
69 Vgl. ebd.

einer Art Liane auf und schlängeln sich am liebsten von niedrigen Zweigen herunter. Wenn man durch die Zweige hindurchgeht, kann es immer wieder sein, dass eine der Schlangen einem die Mütze herunternimmt – so man eine trägt.

Eine spannende Vertreterin dieser Spezies ist laut Wenger auch die sogenannte „Paramole“ (westafrikanische Krötenviper), die bei uns als Nachtotter bezeichnet wird. Diese zeichnet sich dadurch aus, dass sie nicht springt. „Ich bin einmal auf so eine Schlange getreten und von ihr gebissen worden“, schreibt Wenger. „Wenn man das Gegengift nicht innerhalb einer halben Stunde bekommt, stirbt man. Ich wurde vor allem mit Beschwörungen behandelt, aber ich überlebte. Es ist aber ein sehr schlimmes Gift.“[70]

Auch von einem Hochzeitstanz der Schlangen weiß Wenger zu berichten, denn einmal begegnen ihr zwei grüne Mambas während ihrer „Trauung“: „Sie erheben sich so weit in die Luft, dass nur mehr ein Drittel ihres Körpers am Boden bleibt. Mit Hilfe zweier kleiner vorstehender Knochen, die wie Stützen wirken, halten sie sich aufrecht. Dann tanzen sie Auge in Auge.“[71] Dieser Akt scheint so faszinierend zu sein, dass Wenger sich oft bemühen muss, den Hund hinter sich zu halten. „Während der Paarungszeit kann dieser Tanz tagelang andauern. Die grüne Mamba tanzt auch, wenn sie kämpfen möchte. Aber das ist eine wilde Szene, der man besser nicht zusieht.“[72]

Auch mit Affen gemeinsam lebt Susanne Wenger in ihrem heiligen Hain. Über die Edun-Affen weiß sie demnach zu berichten, dass diese sich in den letzten Jahrzehnten sehr vermehrt hätten und zahm geworden seien. Oft tummeln sich die Tiere auf den Bäumen, bei denen Susanne Wenger arbeitet. Es scheint, als hätten sie verstanden, dass sie sich im Hain geborgen fühlen können, so Susanne Wenger. In einem nächsten Absatz spricht Wenger auch über die Intelligenz dieser Tiere: Offenbar sind sich die Edun der Gefahr des Herunterfallens bewusst, denn sie beobachtet immer wieder, wie älteren Affen morsche Zweige abbrechen, damit die Jungen nicht zu Fall kommen können. Es scheint so, als wäre es für diese verantwortungsvollen Tiere gar nicht so leicht,

70 Vgl. ebd.
71 Vgl. ebd.
72 Vgl. ebd.

diesen akrobatischen Akt zu vollziehen, denn dafür ist es notwendig, dass sie auf einen Zweig springen, wobei Landung und Absprung in einer Bewegung vollführt werden müssen, da sie sonst selbst hinunterfallen würden. Was die Künstlerin verwundert, ist die Tatsache, dass sie in all den Jahren, in denen sie im heiligen Hain arbeitet, bis jetzt selten einen toten Affen oder ein Affenskelett gefunden hat. „In all den Jahren", berichtet Susanne Wenger, „habe ich nur zwei tote Edun gesehen."[73]

Das eine Mal hat sie offenbar zwei Männchen bei einem Kampf ertappt, denn hin und wieder geschieht es, dass ein eher betagtes Edunmännchen von einem Jüngeren aus der Gruppe gedrängt wird. „Gewöhnlich", so schreibt Susanne Wenger, „schlichten sie einen solchen Streit einigermaßen friedlich, aber bei dieser Gelegenheit kam es zu einem wilden Kampf, und das Ältere wurde über den Rand des Astes gestoßen und krachte auf den Boden."[74] So die erste Begebenheit.

Weiters lässt Wenger lesen, dass einmal auch ein Affenbaby vom Baum gefallen sei: „Meine Hündin Titi sprang zu ihm hin und biß das schon schwerverletzte Baby. Ich zog sie mit Gewalt weg und legte den kleinen Affen hoch oben auf das Gerüst meiner Skulptur." Rührend ist die Szenerie, die Susanne Wenger hier schildert: Das verwundete Baby blickt Susanne in die Augen – ein Blick, der sie ein Leben lange begleiten und den sie nie vergessen wird. Wenger vergleicht ihn mit einem Speer – und sowohl Ratlosigkeit als auch Schmerz sind spürbar, als sie schildert: „Die Äffchen holten sich ihr Baby nicht und am nächsten Tag fand ich den leblosen Tierkörper. Ich wußte nicht, was ich damit tun sollte, weil ich niemals herausgefunden habe, was sie mit ihren toten Tieren machen." Hier schwingt ihr großer Respekt vor dem Verhalten der Tiere mit. Susanne Wenger überlegt, ob sie das Baby in den Fluss werfen soll, entscheidet sich jedoch dann, dass das wohl das Schlimmste sein würde. Also tut sie, was auch Menschen tun: Sie schaufelt dem kleinen Tier ein Grab in der Nähe ihrer Skulptur, in etwa 30 Zentimeter tief. Dabei überlegt Wenger, ob sie dadurch vielleicht ein Tabu brechen würde. Unsicher geworden eilt sie am nächsten Tag noch einmal zu der Stelle aber siehe – der tote Körper ist nicht mehr auffindbar. Seltsamerweise liegt jedoch der ganze Platz nach wie vor unangetastet vor ihr. „Der

73 Vgl. ebd.
74 Vgl. ebd.

Platz war ganz unversehrt", schildert Wenger. „Es war wirklich seltsam, denn die Edun haben harte und schwere Knochen, die nicht einmal in einem Jahr verrotten würden."[75]

Über dieses mystische Verschwinden bleibt Wenger ratlos. „Ich habe soviele Jahre lang in den Wäldern verbracht, und es ist noch immer ein Geheimnis für mich. Diese Affen haben etwas Heiliges an sich, etwas Übernatürliches, das die Yorubaleute anerkennen. Wie sonst wäre es möglich, dass sie bei all ihrer Jägerei niemals Edun essen? Die Edun haben etwas sehr Mächtiges an sich. Sie sind dem Orisha nahe."

75 Vgl. ebd.

20. Einbezogenheit kommt mit den Jahren

Die erste Hälfte der 70er Jahre ist ökonomisch durch einen massiven Ölboom gekennzeichnet. In dieser Zeit wird Nigeria der größte Erdölexporteur Afrikas. Mit der Erdölkrise ab Oktober 1973 allerdings ändert sich diese Tatsache; so fallen die Erdölpreise in der zweiten Hälfte der 70er Jahre wieder enorm. Die Präsidentschaftswahlen, die im Jahr 1983 stattfinden, sind indes von Manipulation und Gewalt überschattet. Mit dem Vorwurf der Vetternwirtschaft und Korruption kommt es schließlich zu einem Militärputsch, der die II. Republik am 31. Dezember 1983 beendet, Shagari wird gestürzt während General Muhammadu Buhari die Macht übernimmt.

1985 löst sein Kamerad General Ibrahim Babangida ihn in einem Palastcoup ab.[76] Die Zeiten, in denen sich Susanne Wenger nun bewegt, bleiben also dicht und unsicher; aber eine große Sicherheit zieht sich ja inzwischen ohnehin durch Wengers Leben: Die der Kunst. So florieren ihre Erfolge in den nächsten Jahren. Ab 1985 finden immer mehr große monographische Ausstellungen in Europa und Afrika statt. So stellt Wolfgang Denk Susanne Wenger beispielsweise im Künstlerhaus Wien 1985, im Iwalewa-Haus Bayreuth 1990, im Museum Moderne Kunst Prag 1993 und – wobei es sich hier um die bisher größte Retrospektive handelt – in der Kunsthalle Krems Minoritenkirche 1995 aus. Doch auch in Sammelausstellungen und kleineren Galerien ist Wenger fortan vertreten: So nimmt sie an den Ausstellungen „The Short Century“ in der Stuck-Villa in München, im Gropiusbau Berlin, im Museum of Contemporary Art Chicago, im PS1 in New York und an „Moderne in dunkler Zeit“ in der Neuen Galerie am Landesmuseum Joanneum in Graz 2001 sowie weiteren anderen Ausstellungen teil. Und auch in

76 Vgl. https://de.wikipedia.org/wiki/Geschichte_Nigerias, Stand vom 19. April 2019.

Afrika selbst bleibt die Lage stabil: „Mama Adunni Olorisha“ Susanne Wenger übt weiterhin starken Einfluss auf viele junge Yoruba-Künstler aus. So auch ihr Lebensgefährte Ulli Beier, wenngleich auf andere und bestimmtere Weise. Er forciert die Ausbildung für potentielle afrikanische Künstler in Kunstseminaren der Universität Ibadan und in Workshops. Daraus entsteht, wie bereits berichtet, in diesen Jahren die bekannte Oshogbo-Schule – auch als Oshogbo Artists bezeichnet – unter deren erfolgreichsten Vertretern man beispielsweise die Twins Seven Seven und Nike findet. Susanne Wenger lebt und wirkt also in diesen Jahren weiterhin in den „Sacred Groves“ und setzt sich vehement dafür ein, die spirituelle Tradition der Yoruba zu erhalten. Einiges hat sie in der Zwischenzeit erreicht: Die „Sacred Oshun Groves of Oshogbo“ mit den Architekturen und Monumentalskulpturen Susanne Wengers, der heilige Fluss und die Bäume stehen inzwischen unter dem Schutz der nigerianischen Regierung und der UNESCO. Doch damit nicht genug: Die österreichische Susanne-Wenger-Stiftung und der assoziierte nigerianische Adunni Olorisha Trust haben sich zur Aufgabe gestellt, den Fortbestand des Werkes Susanne Wengers auch in Zukunft zu sichern.

Nach wie vor sind die „Sacred Oshun Groves“ vor allem lebendiger Bestand der Kultur der Yoruba und somit ganz Afrikas – genau das, was Susanne Wenger sich erhofft hat, ist eingetreten! Die Situation scheint trotz der Erdölkrise ideal zu sein: Die meiste Zeit des Jahres sind nur Oshun-Priester, Susanne Wenger und ihre Helfer und einige wenige Touristen im heiligen Hain anzutreffen. Die Intimität der religiösen Praktiken ist also gewahrt – und so verwandeln während des jährlichen großen religiösen Oshun-Festes hunderttausende Anhänger der Religion, die aus der ganzen Yoruba-Nation und aus Amerika heran strömen, das Gelände um den Haupt-Oshunschrein am Ojubo Oshogbo in eine Art „Zauberkessel“, der vor Ritualen, rasenden Trommel-Rhythmen und wogenden, alles ergreifenden Tänzen nur so überschwappt. Und das im wahrsten Sinne des Wortes, denn die Tänze drängen gegen Ende meist ins „heilige Wasser“ des Oshun-Flusses: so wird zum Abschluss der Rituale gern gebadet.

Susanne Wenger, deren Werk im „Tausendjährigen Reich“ als entartet galt, ist nun zur spirituellen Künstlerin Afrikas geworden und steht nach wie vor im Widerstand zur Normalität des Etablierten. Ihre Kunst hat sich in Ritual verwandelt und verbindet nun individuellen Mythos und Emigration. Durch ihre „Einbezogenheit“ und Aktivität in den Umbrüchen des vorigen Jahrhunderts in Europa und Afrika ist Wengers Arbeit von brisanter Aktualität im Afrika der 80er und 90er Jahre – und wird es auch bleiben. Weiterhin betätigt sich Wenger mit der alten afrikanische Adire-Technik. In den Adire-Arbeiten befasst sie sich nach wie vor künstlerisch mit der Mythologie der Yoruba. Formal verarbeitet sie gewisse Elemente von Yoruba-Patterns, bleibt aber im Gesamten ihrer expressionistisch-kubistischen, modernen europäischen Formensprache treu. Die großformatigen Ergebnisse dieser Periode werden laufend ausgestellt; so in etwa in Paris und London. Als Beispiel ist hier die in ihren wichtigsten Ausstellungen gezeigte Batik „Yemoja“ aus dem Jahre 1958 zu erwähnen. Diese Arbeit wird auch in der von Dokumenta-Macher Okwui Envezor 2001 zusammengestellten und bereits erwähnten Ausstellung „The Short Century – Independence and Liberation Movements in Africa 1945–1994“ in München, Berlin, Chicago und New York präsentiert.

Bei Yemoja handelt es sich um die Mutter des „Donnergottes Shango“ – und Wenger stellt sie hier in einer der spannendsten Szenerien des Mythos, nämlich in einer inzestuösen Situation, dar. Verheiratet mit ihrem eigenen Bruder wird sie, laut Erzählung, von ihrem Sohn Orunga in sexueller Begierde verfolgt. Die erschrockene Göttin verwandelt sich daraufhin – passend zu Wengers Umgebung – in einen Fluss. Gerade in dieser Arbeit wird Wengers Ringen offenbar, afrikanische und europäische Formensprache einzusetzen. Diesen Ansatz verfolgt sie nun schon seit einigen Jahren – wenig später aber, in der informelleren, stark rhythmisierten Bildsprache ihrer Wachsbatiken, thematisiert sie ihn schon nicht mehr. Wenger entwickelt sich.

Insgesamt bleibt es im Nachhinein betrachtet erstaunlich, festzustellen, dass in ihrem gesamten künstlerischen Schaffen – mit Ausnahme früher Batiken – formal und ikonographisch keinerlei „Afrikanismen“ vorkommen. Maßgeblich für Wengers Textilarbeiten vor allem in den ersten Jahren ist und bleibt jedoch die formale Kraft ihres künstlerischen Aufbruches nach dem Zweiten Weltkrieg sowie das Miteinbauen einzelner Elemente der Pariser Szene. Während der Arbeit in den „Sacred Groves“ wendet sich die Künstlerin in ihrem Atelier in der Ibokun Road auch weiterhin der farbigen

Wachsbatik zu. In diesem multikoloristischen Medium entsteht nach wie vor eine Fülle an Textilarbeiten. Einerseits ist Wengers Bildsprache klar und reduziert, andererseits ist die Gestaltungskraft dieser Werke im universellen Sinne religiös, sodass die Arbeiten gleichzeitig Reduktion und Universalität ausstrahlen. Sie sind spirituell motiviert und entstehen spontan und frei, im Sinne eines europäischen Kunstverständnisses. Ab etwa 1980 nennt Wenger die Technik, derer sie sich hier bedient, auch die des „spontanen Flusses".

Während Wenger sich in dem Zyklus der „textile cloth paintings" vom Narrativen her ausschließlich mit Themen der Yoruba-Mythologie beschäftigt, so interessiert sie sich in diesen Arbeiten für den Begriff der „Einbezogenheit", den sie immer präziser auf die individuelle Selbsterfahrung und Selbsterschaffung zurückführt. In einer Art transmedialen Ineinanderströmens verschiedener Zeit- und Bewusstseinsebenen erschafft die Künstlerin eine Welt, in der „alles mit allem" zusammenhängt und sich das Individuum durch permanentes Aussetzen formt: „They present a sort of metaphysical snapshot (...) Da feinstoffliche Materie rhythmisch wogende und schwebende Kraft ist, ist die Kraft der Erfahrung eines Individuums sicherlich Realität (...)", sagt Wenger derart in einem Interview, und weiters: „Bei den Batiken – alle Batiken sind eigentlich eine Batik – ein Lebensbild, das ich in mir herumtrag' – ich richte den Fokus dann auf Einzelheiten oder auf das Ganze – es ist alles dasselbe. Es ist überhaupt alles Rhythmus! – auch in der Physik ist alles Rhythmus!"

Susanne Wenger antwortet in einem Gespräch mit Martha Denk aus dem Jahre 1994 auf die Frage, ob denn bei ihr alles an Lebensweisheit in die Arbeiten einfließe: „Natürlich, weil bei mir alles zusammenhängt! Wenn man beispielsweise ZEN verstehen will, obzwar ich alles andere als Buddhist bin, darf man nicht in den Fehler verfallen, zu glauben, man müsse unsystematisch und unlogisch und unintellektuell sein. Es ist genau das Gegenteil: Man muss außerordentlich organisiert sein – um sich dann so gehen lassen zu können. Man muss sich sicher sei, dass dann alles wieder auf seinen Platz kommt. Es ist die Weisheit, dass es absolute Spontanität ist, und trotzdem stimmt. So ist es auch bei meiner Arbeit, die ja irgendwo ein Portrait meines Lebens, beziehungsweise meines Selbst ist. Alles findet sich irgendwie und wird von mir – ganz ohne Idee – einfach weitergesponnen. Am Ende ist dann alles total organisiert.“[77]

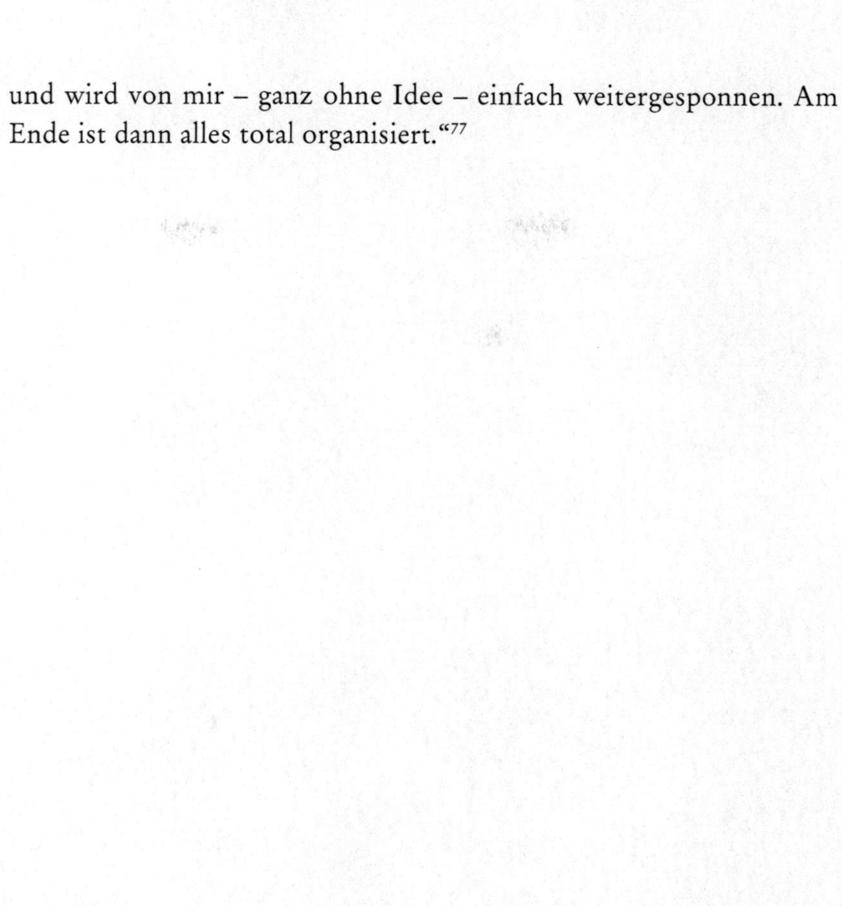

77 Vgl. https://susannewengerfoundation.at/de/susanne-wenger-foundation, Stand vom 19. April 2019.

21. Wengers Kunstbegriff: Resumée bis in die 1980er Jahre

So vergeht die Zeit, und nach und nach setzt sich Wengers Kunstbegriff mehr und mehr fest. Hatte sie zunächst auf der Suche nach Alternativen wie den Jungschen Archetypen Inspiration in der Bekanntschaft mit Künstlern im Widerstand wie Maria Biljan–Bilger gefunden, so festigt sich in den 80er Jahren ihr ganz persönlicher und individueller Stil. Zu Beginn ihres Schaffens etwa greift Wenger noch in scheinbar harmlosen Keramikfiguren matriarchalische Aspekte nach Johann Jakob Bachofen auf, die C. G. Jungs Theorien wohlgemerkt nicht immer entsprachen. Wenig später lernt Wenger im kommunistischen Kreis um Heinz Leinfellner auch die ab 1933 mit August Aichhorn in einem Wiener Heim für schwer erziehbare Jugendliche tätige Freundin Elisabeth Charlotte „Goldy" Parin-Matthèy, die als Anarchistin im Spanischen Bürgerkrieg gekämpft hat, kennen, die zusammen mit ihrem Mann Paul Parin das neue Fach der Ethno-Psychoanalyse begründete. Wenger ist sofort begeistert: Das Paar ist später mit Fritz und Ruth Morgenthaler auch in Westafrika unterwegs und publiziert über das Seelenleben der Dogon: „Die Weißen denken zu viel" (1963). In den beiden Künstlern findet Wenger erste Ansätze des Archaischen, die sie fortan in ihre Arbeiten verwebt.

Ebenso wie Wenger es ablehnt, eine Anthroposophin genannt zu werden, kann sie sich – bei aller Sympathie für Karl Marx – nicht mit den realen Bedingungen in der Kommunistischen Partei arrangieren. Das liegt wohl auch am „parareligiösen" Charakter, den auch ein Mircea Eliade dieser Strömung unterstellt: Denn in die entheiligte Moderne und die im 19. Jahrhundert daraus geborene Ideologie des Marxismus schlich sich der jüdisch-christliche Erlösungsglaube ein. Auch wenn Gott durch die Eigenverantwortung des Homo faber ersetzt wird, gilt dennoch folgende Maxime: Die proletarischen Massen müssen erlöst und die Welt durch den gerechten sozialen Kampf verbessert werden. Marx verweigert die Rückkehr zur angeblich klassenlosen und unverdorbenen Urzeit; er schreibt den prähistorischen Menschen als roh und verwildert ab und sieht keinen Mythos in Form eines Schöpfungsereignisses in den frühen Epochen der Menschheitsgeschichte. Mircea Eliades These vom Marxismus als „Para-Religion" lässt sich auch auf die heutige hedonistische Freizeitgesellschaft materialistischer Prägung auslegen, werden wir doch in Zeiten der Biomacht vom Kapitalismus beherrscht. Allerdings suchte Wenger die afrikanische Yorubareligion nicht durch ein utopisches Modell in Europa zu ersetzen, sondern begibt sich selbst auf Glatteis: Die Künstlerin wagt den Aufbruch in eine afrikanische Kultur, in der sie sich besser verstanden fühlte als in der künstlerischen Avantgarde. Im Rahmen der Documenta11 im Jahr 2002 kommt es zu einer Thematisierung des postkolonialen Begriffs der „Globalisierung", wobei dieser hier als eine Verbindung lokaler und globaler Einflüsse auf die Kunst verstanden wird. Da Susanne Wenger-diesen Inhalt bereits in ihrem Frühwerk behandelt, werden ihre Bilder vom nigerianischen Kurator Okwui Enwezor in die postkoloniale Schau „The Short Century – Independence and Liberation Movements in Africa" aufgenommen und ausgestellt, die neue Maßstäbe im Blick auf Afrikas nachkoloniale Kunst setzt. Auch der Begriff des „Cultural Nomadism", den wir bei Gilles Deleuze und Félix Guattari finden, trifft auf die Grazer Künstlerin mit dem Schweizer Pass, die in Afrika ihre Wahlheimat gefunden hat, zu. Wenger besetzt den „dritten Raum" im Zwischenbereich zweier Kulturen. So gelingt es ihr, mit ihrem Leben und Werk nach 1945 den Traum der klassischen Moderne von einer gerechten Internationalisierung der Kunst zu realisieren.

Nach eigener Aussage bleibt Susanne Wengers Arbeitshaltung jedoch auch in Afrika stets europäisch. Wenger erklärt in all ihren Interviews immer wieder dezidiert, sie habe keine Yoruba-Kunst gemacht, jedoch ihre Kreativität vom Profanen zurück in den Dienst des Religiösen gestellt. Dennoch, so analysiert sie, thematisiert ihr Werk gemeinsame archaische Symbole des spirituellen Denkens, im zyklischen Kreislauf der Naturverbindung und den Tiefen der Psyche, die sich über alle Kulturen erstrecken – und die sie in ihren Arbeiten als künstlerisch-ästhetische Metaphern verkörpern will. Zu der Handhabung von Symbolen äußert sich Wenger folgendermaßen:

„Bei den Yoruba ist es so, dass das kollektive liturgische Ego mit einem sehr dichten Netz von Symbolen arbeitet; nur so ist es möglich, dass die Götter fast auf der Erde leben ... oder, dass sie in einer gewissen Dimension auf der Erde leben, mit den Menschen zusammen. Nur so ist es möglich, dass die Menschen es auch können."[78]

Dabei distanziert sich Wenger dezidiert von der rein rationalen Betrachtung und gleichzeitig auch trotz ihrer Initiation zur Yoruba-Priesterin vom wissenschaftlich unzutreffenden Terminus „Schamanin". Indes bleibt der Kontext zu ganzheitlichen Theorien in Verbindung mit christlichen Bildern Zeit ihres Lebens in ihrem künstlerischen Werk aufrecht. Das erschwert es einigen Rezipienten, Wengers spirituellen skulpturalen Visualisierungen, die noch dazu in Gruppenarbeit und im Austausch mit Yorubakünstlern entstanden sind, einer kunsthistorischen Analyse zu unterziehen. Die Form ist eine, die an die Herangehensweise von sogenannten Naturvölkern erinnert – doch der Einfluss europäischer Kunst, Literatur und Wissenschaft des 20. Jahrhunderts bleibt in Wengers Arbeiten sichtbar, da sie im Gegensatz zum „typologischen" Zeitbegriff afrikanischer Skulpturen an der physikalisch-dynamischen Zeitstruktur des Westens festhält. Ein Gegensatz, der viele Intellektuelle überfordert. Was heute politisch korrekt „typologisch" genannt wird, galt früher als zeitlos und in der Formwirkung statisch; stilistische Unterschiede zwischen afrikanischen Künstlern wurden zu Beginn des 20. Jahrhunderts von Picasso und Co. zugunsten einer Generalisierung ignoriert. Wenger ist eine der ersten, die diese Arbeiten durch eine neue Linse betrachtet und sie durch ihre eigene, subjektivierte Betrachtungsweise transformiert. Die Korrespondenz und der Austausch mit einem der bedeutendsten Mythenforscher, Joseph Campbell, ist ein deutliches Zeichen ihrer kulturellen Offenheit und Bildung und ihrer Hoffnung auf eine neue Verbindung zwischen Kunst und Wissenschaft. Wie der Religionsforscher Mircea Eliade hat auch Campbell ab den fünfziger Jahren – etwa in „The Masks of God" (1962) – afrikanische Ursprungsmythen mit den Steinkreisen von Stonehenge, Mykene und der Bibel in Ver-

78 Vgl. Interview mit Ulli Beier.

gleich gesetzt, um Verbindungen bis heute aufzuzeigen. Ähnlich der Grazer Künstlerin sowie einer ganzen Generation, die aus der Katastrophe des Zweiten Weltkriegs den Aufbruch in ein neues soziales Denken wagen musste, ging auch Campbell auf Spurensuche, um die Quelle aller archaischen Bilder und einen für die gesamte (Kunst-)Geschichte der Menschheit gültigen Mythos zu finden.

Davor war die vergleichende, erstmals nahezu wertfreie Kulturmorphologie – die man in diesen Tagen mit dem Begriff „Kulturkreislehre“ bezeichnete – des Afrikaforschers Leo Frobenius maßgeblich. Seine These einer „Kulturseele“, in der die Kultur sich als Organismus manifestiert, war vorbildlich für die Négritude, eine philosophisch-politisch-poetische Bewegung um Léopold Sédar Senghor herum, der später zum Präsidenten Senegals wurde und die Gleichberechtigung der „schwarzen“ Kultur postulierte. Aus postkolonialer Sicht gilt die von Deutschen, Franzosen und Engländern favorisierte Befreiungsbewegung Afrikas als zu stark von europäischen Idealen geprägt. So kritisiert die amerikanische Anthropologin Sally Price in diesem Zusammenhang vor allem die anhaltende Anonymität afrikanischer Künstler in Europa als rassistisch. Susanne Wenger indes hält an der Überzeugung einer Kunst als eine der ganzen Menschheit gemeinsamen, kulturunabhängigen, archaischen Sprache fest und thematisiert in ihren Arbeiten dabei vor allem die Archetypenlehre des Begründers der analytischen Psychologie und Bewunderer Sigmund Freuds Carl Gustav Jung. Dergestalt handelt es sich bei Wengers „voraus erinnerten“ Bilder in ihrem „bäumeweisen Herzen“ um solche Archetypen. Bereits in den 40er Jahren manifestiert sich ihr Pantheismus, als die widerspenstige Susi dem offenbar unbefriedigenden Unterricht in der Kunstschule fernblieb und stattdessen in der Natur ihre lebenswichtigen Erfahrungen machte, wo sie zeichnete und malte. Die Alpen mit ihrer Vegetation, ihren Felsen und Bäumen, in die sich Wenger schon damals eine große Pietà und Schreine hineindenkt, wie sie sie später in den heiligen Wald von Oshogbo baut, sind dabei jene archaischen Bilder, welche die Künstlerin durch ihre Arbeiten wiederbeleben möchte. So sieht sie in manch einem früheren Bleistiftbild – als gleichsam verschüttete und zukünftige Erinnerung – ihre heiligen Schreine voraus, die als Urgefäße der Gedanken und Botschaften von Naturgöttern dienen und an denen die Rituale der Wiederbelebung im Zyklus der Jahreszeiten sich mit großer Sicherheit wiederholen. Ähnlich weiß der große alte Obatalapriester Ajagemo aus Ede als einer der letzten „archaischen Menschen“ im Voraus, dass Wenger die Schreine aufbauen und den heiligen Wald wiedererstehen lassen würde.

Unübersehbar ist in Wengers Arbeiten in den „Sacred Groves“ – wie bereits erwähnt – die Nähe zur Archiskulptur der klassischen Moderne und der organischen Bauweise des Anthroposophen Rudolf Steiner, die auf der Metamorphosenlehre Johann Wolfgang von Goethes aufbaut. Susanne Wenger hätte sich selbst aber nie als Anthroposophin bezeichnet. Eine Sonderstellung im Werk Susanne Wengers nimmt der Skulpturen-Komplex Odu ein, obwohl gerade hier ihre Anwendung der Technik mit großer Klarheit manifest wird.

„Der Name des ganzen Skulpturenkomplexes ist Odu, aber die Göttin Odu ist nur eine der vielen Figuren. Nach ihr heißt der gesamte Orakel-poetische Text des Ifá-Orakels, das sind über viertausend Gedichte“, erklärt Wenger zu diesem Werk. Die filigrane, jedoch hoch komplizierte strukturierte Gruppe aus Objekten stellt eine neue Dimension des Zugangs dar, was den Bereich „Skulptur“ betrifft. Anhand dieses Beispiels wird nach mehr als 20-jähriger Arbeit klar, dass Wenger an einer Idee der „endlosen“, quasi rhizomatisch wuchernden Form arbeitet. Denn mit der Skulptur verhält es sich ähnlich wie mit dem Hain: Hier ist keine Intention spürbar, diese fertig zu stellen. „Odu“ verkörpert demnach genauso Werden wie auch Vergehen. Der Arbeitsprozess selbst, ein informeller, spontaner Akt bewusster Langsamkeit, bleibt das Zentrum und gleichzeitig das eigentliche Ergebnis dieses schöpferischen Aktes, das zu keinem Punkt kommt, sondern sich in stetem Wuchern und Versickern befindet.

Susanne Wenger äußert sich dazu folgendermaßen: „Ich arbeite wirklich schon so lange hier in der großartigen Einsamkeit – ob ich meine Form des Nach-innen-wie-nach-außen-Meditierens als Arbeit bezeichnen möchte, sei dahingestellt.“

1984 berichtete Wenger weiters: „Diese Skulptur hat angefangen mit einer bei mir häufigen Konzeption, einer Pietà. Nicht wie im Christentum, wo die Mutter den Sohn im Schoß hat, sondern hier ist es der blinde Vater Ifá, der seinen toten Sohn Ela hält, der dem Mythos entsprechend aus Versehen geopfert wurde. Das ergreift mich sehr. Meiner Logik gemäß sehe ich meine Kunst nicht als Ausstellungsobjekt, sondern als mystische Tätigkeit. Ich fühle mich durch meine rückhaltlose Sympathie für Bäume und Tiere einigermaßen ermächtigt, sie in die großartige Natur einzubauen. An die Emanation – die Kraft, die ausgeht vom Körper oder vom Gehirn, an die glaube ich schon. Da begann ich dann diese drei schönen Bäume durch die meine Kunst zu schützen. Die Beziehung zu den Bäumen war der Anlass zu der Skulptur Ela. Diese Einbezogenheit brauche ich. Es braucht bei mir keinen Vorsatz, den inneren Dialog abzustellen. Die bewusste Zwecklosigkeit der künstlerischen Tätigkeit befreit mich vom Selbst so vollkommen, dass ich nachher unter Umständen sagen kann: Das ist ja wirklich schön, was der Orisha da durch mich gemacht hat (…) Ich habe nie das Gefühl, dass ich die Dinge, die ich male oder baue, selbst mache. Ich bin da eigentlich ein Gefäß, das rotiert. Das Licht bricht sich an der Oberkante des Gefäßes oder fällt in die Höhle, oder macht auch die Höhlung dunkler, weil außen Licht ist. So empfinde ich den Vorgang. Trotzdem ist das, was ich mache, sehr persönlich. Es ist ja meine Persönlichkeit, die da eingefangen ist. Bei mir kommt das einfach – es ist wie atmen.

Der Atem hat ja auch einen Rhythmus, der für mich typisch ist. Bei der Batik, den Bildern und bei der Skulptur ODU (Ifá/Ela Pietà) kommt in mir und aus mir diese Aufwallung des ‚Sich-Darüberbeugens' – das Erbarmen als religiöses Phänomen – das Erbarmen ist ein archaischer Altar.

Und das ist eben bei mir der Schlüssel zu allem: meine Götter sind eben arm, sie sind bedrückt, verfolgt, missverstanden und zerstört worden. Genau das ist ihre Größe und Weisheit, sie liegt im Überleben von all dem. Aber von mir wird das einfach weitergesponnen – ganz ohne Planung, wie die Komposition sein muss. „Am Schluss ist es total im Gleichgewicht – ich spür' sofort, wo ich aus dem Rhythmus bin – ich muss das dann sofort ausbessern – auch bei der Skulptur, da hau' ich dann was herunter, und wenn das sehr fest ist, an der richtigen ‚falschen' Stelle bricht es dann runter – wie das lebensmäßig schon so ist – gestern hab' ich ein paar Brocken so ganz wild einfach ‚runter geschlagen' – wo ich gedacht hab': das hab ich jetzt konstruiert – das ist alles außerhalb der Zeit."

Religiosität und Ritual meint für Susanne Wenger demnach von jeher eine Form von Dynamik, das heißt, wenn man es im Kontext der Kunst betrachten will, so muss man auch den Kontext der Persönlichkeitsentwicklung der Künstlerin, den Verlauf ihrer Lebensbiographie, sehen. Und so muss man auch erfassen: Religiosität als Begriff ist hier ein Phänomen, das „weit genug weg ist von Anderen, um ihren Erkenntnissen und Ideen eine Plattform zu bieten. Ansätze innerer Selbsterforschung und Selbsterfahrung durch Einbezogenheit, ihr Wissensdrang und dessen Kommunikation bildeten eine dynamische Kraft die Susanne Wenger charakterisierte.“[79]

79 Vgl. NÖ Landesmuseum / Ausstellung, 30. November 2013 bis 12. Oktober 2014 Kuratorin: Alexandra Schantl

22. Arbeit mit Text: Wenger über das láé-láé

Wenger befasst sich in ihren Arbeiten jedoch nicht nur mit Bildern und Objekten; auch das Medium der Sprache wird nach und nach ein wichtiger Aspekt in ihrer Kunst. So setzt sie sich besonders intensiv mit einem in der Yorubareligion wichtigen Begriff auseinander: dem láé-láé. Dies ist ein Wort, so Susanne Wenger, das in die multidimensionalen Räume und Sphären des Denkens und Fühlens vordringt und dort das archaische Ich bewegt und für sich verpflichtet. In dem Zustand verschwimmen die Gegensätze ineinander, horizontlose Weiten und Sein sowie Tun und Haben verbinden sich zu einem großen, unzertrennbaren Ganzen. Dieses Moment bezeichnen die Yorubapriester auch mit dem Wort Ní oder Lí. Geht man vom Wörterbuch aus, so bedeutet láé-láé gemeinhin soviel wie „einst" oder „vor langer, langer Zeit" oder „ewig". Darüber hinaus aber steht das Wort auch láé- láé frappant genau für jene Relativität oder sollte man viel eher schreiben, Komplexität in Zeit und Raum, ohne die der lebende Mythos einer Kultur sowie der lebende Mythos der individuellen Kreatur des Menschen nicht denkbar wäre. In der Sphäre láé-láé löst sich Linearität auf – und eine neue Form der Tiefenstruktur entsteht.

Sowohl Kunst und Religion – was bei Völkern mit archetypischen Mythologien ja das Gleiche meint – existieren „láé-láé" und erfassen die Realität oder die Manifestation einer Realität in archetypischer und einmaliger Dimension.

„Der Mensch ist vielleicht halb Geist und halb Materie, so wie der Polyp halb Pflanze und halb Tier ist. An der Grenze liegen immer die seltsamsten Geschöpfe", so zitiert Wenger Georg Christoph Lichtenberg, wenn sie von Mythen spricht. Und weiter: „Sowohl unsere Yoruba-Gottheiten als auch initiierte Olórìsa sind durch Lichtenbergs Aussage als solche ‚seltsamste Geschöpfe' bezeichnet und erkannt. Das gilt auch für den Künstler und ist die Antwort auf die Frage nach dem Grund meiner spontanen Selbstbeheimatung mit den Yoruba und im ‚Yoruba-Himmel', welche sich vor nun fast fünfzig Jahren vollzogen hat."

Es scheint, als ginge die Rückwendung zum schamanischen Denken, die Beschäftigung mit den Gebeten (Oriki) der Yoruba, mit einer Belebung des Wortes in Wengers Kunst einher. Denn seit ihrer Begegnung mit Ajagemo wird das Wort immer wieder zu einem wichtigen Teilaspekt in Wengers Schaffen. Über das erste Treffen mit dem archetypischen Lehrer äußert sich Wenger in ihren Schriften folgendermaßen:

„Die schicksalhafte Begegnung mit Ajagemo, dem hohen Priester von Obatálá, ereignete sich unmittelbar und total. Wie den verlorenen Sohn nahm er – oder der Òrìshà durch ihn – mich auf. Ihm sowie meinen anderen spirituellen Vätern und Müttern begegnete ich wie auf vorbestimmten, ineinander verschlungenen Straßen. Das gegenseitige Verständnis vollzog sich jenseits von Raum und Zeit und bald pflasterten psychische Lasten und Leiden ritueller Anforderungen diese Straßen ebenso dicht wie die Freuden des ‚vorauserinnerten' Wiedersehens mit jenen herrlichen Menschen im Rahmen archaischer Gegebenheiten. Sehr viele dieser ‚ritualfrohlockenden' Geist-Materie-Geschöpfe sind nun tot, andere leben noch. Die Yoruba-Kultur lebt so lange, so lange es sie noch gibt. Selbst ein einziger würde diese totale Yoruba-Realität vollkommen verkörpern." Und dieser Zustand, in dem Vergangenheit und Gegenwart miteinander verschmelzen – genau das ist láé-láé. Équilibre dynamique, man kann den Zustand auch als „Nabe, auf der die Welt-Geist-Materie-Schaukel schwingt", bezeichnen, wie Wenger es in einem ihrer Texte poetisch formuliert: „Òrìshà, ein Gott, will Mensch sein, der Mensch will Gott sein. Kunst und Ritual sind die Brücke über die Kluft, welche die Zivilisation zwischen den Dimensionen totaler Realität aufreißt. Der Mensch begegnet selbst in der Trance dem Gott ‚durch die Sinne' (Willian Blake). Prophetische Wahrsicht ist ‚ein der Seele innewohnendes Element' (Aristoteles). Diese ‚exotischen' Dinge sind also vom Menschen längst registriert und auch humanistisch anerkannt". Was die Yorubasprache betrifft, so wird auch diese ein wichtiger Bestandteil in Wengers Werk und ihren autobiographischen Notizen. Sie erfreut sich erst seit verhältnismäßig kurzer Zeit der Schriftlichkeit. „Dieser Sprache selbsteigener Mythos, dessen Etymologie bloß einer ihrer zahlreichen Aspekte ist, liegt nun hoffnungsvoll in den Händen einer neuen Generation von Poeten und Schriftstellern", lässt Wenger lesen. Ihrer Meinung nach ist der „Sound" der Yorubasprache einer, der schwingt, gezerrt und gestoßen wird, und so versucht, sich in einer noch als hektisch erlebten und formlosen neuen Freiheit Ausdruck zu verschaffen. Schriftsprache ist ein für die Yoruba noch sehr neues Medium und daher scheint sie immer wieder zu zerbrechen und sich in Fragmenten neu aufzubauen. Was die Vergangenheit betrifft, in der noch die autonomen Götter die Ideen des Yorubavolkes beherrschten, da waren die Priester ein Vehikel, das von ihnen geritten wurde, und das Wort hatte die Funktion, die sie umgebenden Tabus gleichsam zu schützen und abzugrenzen.

Damals sorgte das Tabu für soziale Ordnung durch Mittel ethischer Hygiene, und das auch im Bereich der Sprache. Susanne Wenger drückt diesen Zustand folgendermaßen aus:

„Jedes gesprochene Wort war umgeben von einer lebenden Leibwache gewusster und nie erwähnter Tabus. Die so gesicherte sakrale Potenz der ungeschriebenen Sprache ist viel intensiver, als das in Schriftzeichen gezähmte und von grammatischen Sprachregeln gedrillte und trainierte geschriebene Wort es sich leisten könnte."

Doch diese Tatsache ist keine, die sich nur auf die Yoruba-Kultur fokussiert: Auch im Mittelalter des christlichen Europa wurde die Sprache noch ähnlich gehandhabt; so wird, lässt Wenger in ihren Aufzeichnungen lesen, „der mystische Fluch des gesprochenen Gebetes und des sakralen Impetus der Sprache von dem sonst gerade durch seine Milde so unerhört starken heiligen Franz von Assisi gegen bürokratische Verbürgerlichung glühend verteidigt." Sie erzählt, dass Franz von Assisi einen seiner Brüder durch einen Fluch verbrannte, während der im Bett schlief, weil dieser das sinnliche Gebet nicht mehr praktizierte, sondern sich der dialektischen Scholastik zugewandt hatte. Insofern sind Yorubapriester diesem Heiligen ähnlich: Sie zweifeln nicht an der magischen Kraft der Sprache und lassen demnach nur Eingeweihte daran teilhaben. So lehrt man in ihrer Tradition alltäglich auch kaum Beschwörungsformeln; das Wissen um diese ist geheim und wird stets nur von Lehrer zu Schüler weitergegeben. In vielen Jahren während der schamanenartigen Ausbildung absorbiert man also nicht nur das Wissen, sondern auch die ganze Identität des Meisters – und mit ihm das Wort, das lebendig weitergegeben wird. Über die Arbeit mit Wort und Text in Ritualen berichtet Wenger dahingehend:

„Von einer sehr giftigen Schlange gebissen, eilte ich zum Herbalisten, dem Pflanzen-Zauber-Doktor, und traf ihn mit zwei Priestern des Ogboni Erdkultes. Während ein Lehrling um Medizinalpflanzen eilte, ‚besprachen' die drei alten Männer meine Hand mit der zuständigen Formel. Schwarze Flüssigkeit tropfte aus der vorher unsichtbar winzigen Bissstelle. Auch eine Freundin, die im Spital erfolglos wegen eines Schlangenbisses behandelt worden war, brachte ich zum selben Herbalisten (Native Doctor). Der Fall war bereits kritisch. Der Priester warf sich vor dem enorm aufgeschwollenen Bein nieder und ‚rief' das Gift, beschwor die Schlange und ‚bat' das Bein. Fast schon völlig erschöpft, erreichte er sein Ziel: ein Strom von schwarzem, vergiftetem Blut rann nieder, die Frau war gerettet. Ist das Schlangengift bereits im Blutkreislauf, gibt das andere Bein – nicht das gebissene – auf Besprechung hin das Gift frei. Die Schlange muss sterben, oder der Patient selbst stirbt."

Was die Aufmachung des Rituals betrifft, so dient hier die rote Schwanzfeder des Papageis als eine der wichtigsten magischen Paraphernalien. Der Papagei gilt auch als eine Metapher für das Gesprochene und eine Form von Naivität diesem gegenüber, denn er kann die Worte automatisch nachsagen, ohne ihren Sinn und ihre Problematik zu verstehen – nie lehrt man einen Papagei ein magisch potentes Wort. Die heilende Energie liegt hier also nicht in dem mit láé-láé aufgeladenen Wissen, nicht in der intellektuell analysierbaren Potenz, im Rhythmus und Klang der Aussage, sondern im Wort selbst – und nicht in der verborgenen Kraft eines Schamanen und/oder eines Papageis. Im Zuge der Evolution allerdings drängen sich die Buchstaben dazwischen, die die sakrale Sprache festzuhalten und festzumachen versuchen. Unter dem ursprünglichen láé-láé versteht man einen Begriff, „der sich", wie Wenger schreibt, „in den Händen der großen Mutter zeitlos öffnet und schließt. Dieses Handwerk der Göttin Iyá Moòpó darf und will nicht festgehalten werden." Insofern steht die Autorin einer Verschriftlichung magischer Gebete kritisch gegenüber, auch wenn sie paradoxerweise darüber schreibt. Über „ethnologische" Schriftsteller im Yorubaland weiß Wenger in ihren Notizen Folgendes zu berichten:

„Fast alle Autoren, die über Yoruba-Kultur, das heißt Yoruba-Religion, schrieben haben, sind Außenseiter der einen oder anderen Art. Entweder sind sie aus aller Herren Ländern angereiste kurzfristige Besucher, Forschungsreisende, beispielsweise im Dienste der vergleichenden Psychopathologie. Sie glauben, des Gottes Wesenheit mit Hilfe des Elektroenzephalographen in der Parageographie des menschlichen Gehirns aufspüren zu können. Oder es sind von Dolmetschern, die aus den kulturell dehydrierten Klassen stammen, handgefütterte Sammler von Märchen und Mythen. Oder Händler, die ihre Ware, meist gestohlene „Eingeborenenkunst", katalogisieren wollen. Sie alle packen meist in die geistigen Rucksäcke ihre von zu Hause mitgebrachten Theorien wieder ein – adaptiert durch ihr als Dolmetsch geschäftiges Gehirn und gefilterten persönlichen Erlebnissen."

Es handelt sich also bei diesem Schreiben keinesfalls um einen Beruf wie wir ihn in der westlichen Welt finden. Zum Teil sind die Autoren – ethnisch selbst Yoruba – in Missionsschulen misserzogene Pastoren, die sich als eklektische Pfadfinder des Fortschritts bemühen, Fuß zu fassen und sich auf das metaphysische Kampfgelände der Ideologien begeben, um Leerstellen zu finden, in denen es ihnen möglich ist, ihre Kulturvarianten einzubringen. So verweigern sie sich laut Susanne Wenger ihrem traditionellen heiligen Erbgut und wollen ihren eigenen afrikanischen Ahnen, Göttern und Idealen ihrer leiblichen Väter und Mütter endgültig den Garaus machen. Über Vertreter dieser Strömungen erklärt die Künstlerin: „Sie sind unbarmherzig wie jene von siegreichen Kriegerameisen schon als Eier erbeuteten, von ihnen aufgezogenen und trainierten Sklavenameisen, die – wie uns geduldig beobachtende Naturforscher berichten – in späteren Kriegsunternehmungen ihrer Herren gegen ihr eigenes Volk mit besonders hingebungsvoller Grausamkeit fanatisch tapfer kämpfen."

Laut Susanne Wenger leben noch einige Augenzeugen, die über grausame Pogrome berichten, die sich gegen die traditionelle Religion der Yoruba – besonders des Kultes von Sònpònná, oft auch Obalúayé genannt – richten. Die Gottheit Sònpònná nimmt im Gesamtkomplex der Kulte eine dramatische Schlüsselposition ein. Sein Symbolgut wurde, um das Volk zu entehren, aus den dunklen Räumen der Schreine – und des rituell abgeschirmten Unterbewusstseins der Gläubigen – ans Tageslicht gezerrt. Gleichfalls brachten die von Soldaten der Kolonialmacht geschützten Missionare, die die magischen „Fetische“ besitzenden und handhabenden Priester auf die Marktplätze, wo sie in einer Art Spektakel nicht nur misshandelt, sondern auch noch gezwungen wurden, der Verspottung und Verbrennung der ihre Ideale darstellenden Kunst- und Kultgegenstände beizuwohnen.

Doch auch eine Form psychologischer Pogrome existiert in Afrika; sie schwindeln sich bis in die „angeblich“ von gesetzlich garantierter Freiheit zur Ausübung jeder Religion geschützten Ära hinein. Die Künstlerin beschreibt diesen Prozess auf folgende Weise: „Aus starken Lautsprecheranlagen, die außen an vielen Moscheen angebracht sind, beschimpfen, befluchen und profanieren militante Mohammedaner die Götter und Priester ihrer eigenen Tradition. Von lukrativem Verkauf ermutigter Tempelraub bringt traditionelle Gläubige um ihre Altäre, ihre Schreine und um ihre sakrale Kunst. Diese ist jedoch in sehr verschiedener Art und Weise nicht nur auf dem internationalen Kunstmarkt, sondern auch von den eigenen Kunsthandwerkern selbst hoch bewertet.“

Susanne Wenger berichtet, dass der Priester des Gottes Ore, einer ihrer langjährigen Freunde, mit aufgelösten, sonst in alter Tradition doch immer so fein geflochtenen Haar ins Haus kam, sich auf den Boden stürzte und keuchte: „Man hat Ore gestohlen!“

Wenger erinnert sich, dass sie sofort die – wie sie schreibt „üblichen meist nutzlosen“ – Maßnahmen mit Polizei und Behörden in Angriff nahm. Am nächsten Tag kam ihr Freund wieder vorbei und meinte zu Susanne in traurig gefasstem Ton: „Àdùnní, unternimm nichts mehr, der Dieb ist mein Sohn.“ Ein markantes Beispiel, wie eine Kultur dabei ist, sich gegen sich selbst zu wenden.

Da geht Wenger ein Licht auf: „Dieses Erlebnis“, schreibt sie in ihren biographischen Skizzen, „erklärte mir auch, warum die Òrìshà die christlichen und mohammedanischen Abtrünnigen und Ikonoklasten nicht einfach vernichten oder mit ihrer sakralen Energie ausschalten: sind sie doch alle Kinder des einen oder anderen Òrìshà, vor-genetisch, transdimensional und unwiderruflich gezeugt und in den Zyklus irdisch organischen Daseins reinkarniert, sie sind also selbst eine pervertierte Form von Òrìshà. Das Trauma solcher Enttäuschung kann ihren Lebenswillen zeitweise oder endgültig zerbrechen.“

Diese Tatsache scheint zu verwundern, steht doch im Grunde jede Form von Fanatismus ideeller Unduldsamkeit in krassem Gegensatz zu der für die Tradition dieses Volkes so stark ausschlaggebenden Haltung des spirituellen Kräfteausgleiches. Denn in der Yoruba-Tradition wird alles, was Energie – mit dem Begriff Ase bezeichnet – speichert, ausstrahlt und weitergibt, brauchbar. Demzufolge zerstört ein Vertreter dieser Tradition niemals etwas, was einmal in den eigenen sakralen Haushalt eingeordnet worden ist – oder es noch werden kann. Die Yorubareligion adoptierte im Zuge der unfreiwilligen Migration aufgelesene Götter aus anderen Kulturen oder auch diese Götter substituierende heilige Zaubermedizin in die eigenen Zeremonien mit hinein: So mancher wichtige Yoruba-Kult ist nicht Yoruba-Ursprungs, viele Heilige und auch religiöse Praktiken stammen beispielsweise aus dem Christentum. „Chrislam" ist ein Neologismus, der auf Synkretismus zwischen Christentum und Islam unter den Yoruba von Nigeria Bezug nimmt und als Beispiel für das „Yoruba-Genie für Synkretismus" genannt wird.

Was man als historisch überholt zu betrachten wünscht, darüber schreibt man bei der Yoruba-Kultur in der Vergangenheit. Doch Yoruba Philosophie ist nicht nur ein ethnischer Begriff, vielmehr handelt es sich hier um einen spezifischen Aspekt von totaler Existenz:

„Unsere Ära sitzt kulturell allem Anschein nach zwischen zwei Stühlen – besonders in den sogenannten „Entwicklungsländern". Doch möge uns Lao-tse mit dem Tao-te-king trösten: „Der Raum zwischen Himmel und Erde gleicht einem Blasebalg. Der Umriss verändert sich, aber nicht die Form. Je mehr er sich verändert, umso mehr bringt er hervor", ermutigt Susanne Wenger ihre Leser. Und weiter: „Ein Oríkì (Preislied) des Òrìshà Olúgúnnà heißt: ‚Ewìrì ní ikú', der Tod ist ein Blasebalg. Oft wird die Frage gestellt, in welche Proportionen sich die drei Religionen, denen die Yoruba-Bevölkerung heutzutage folgt, teilen. Diese Frage ist ebenso aktuell, als sie unbeantwortbar ist. Es ist ‚respektabel', Mohammedaner oder Christ zu sein, es hilft auch in der bürokratischen Karriere. Trotzdem haben die ethischen Elemente der importierten Religionen auch die unbekehrbaren Menschen zutiefst aufgewühlt. Das metapsychische Klima ist ohne Frage durch sie verändert worden, und dies wohl weniger durch die meist minderwertige Moral missionarischer Ambition als durch die elementare Erschütterung, die die Welt durch das Erscheinen jeder primären Materialisation Gottes – auch ohne missionarische Mithilfe – erfährt", sagt Wenger.

Die Künstlerin erklärt eingehend, dass kein zu einer anderen Religion „bekehrter" Yoruba die Existenz von Òrìshà leugnet, hingegen ein Christ oder Mohammedaner sich weigert, ihnen zu dienen. Dies ist etwas, das die Yoruba-Tradition weltweit von allen Religionen unterscheidet. Der Òrìshà sagt, wenn er klarmachen will, dass er kein Christ ist, dass er nicht „glaube", schreibt Wenger, „das heißt, dass er nicht in die Kirche gehe oder dass er ‚Kò kírun', die mohammedanischen Gebete, nicht verrichte. Doch viele gehen öffentlich in die Kirche oder die Moschee und vollführen trotzdem privat Èbò, das traditionelle Opferritual für Òrìshà."

Auch hier weiß Susanne Wenger direkt aus dem Leben zu berichten: Ihr Freund Ajíbádé, Besitzer und Priester einer der ältesten und wichtigsten heiligen Ahnenmasken, partizipierte einmal an der jährlichen mohammedanischen Prozession zum Gebetfeld. Als man ihn nach der Prozession fragte, erklärte er, dass er dies zu Ehren Sònpònnás, dessen Kind und Nachkomme Mohammed sei, tue. Bei Sònpònná handelt es sich um einen der wichtigsten Yoruba-Kulte, die von den Steppen des Nordens – die Yoruba nennen sie Tápà – über den Niger südwärts wanderten und in ganz Afrika praktiziert werden. In Tápà findet man allerdings auch den Ursprung des Islam, der eine viel jüngere Religion ist als jene. Dieses Beispiel jedenfalls exemplifiziert, dass die Yoruba-Religion imstande, ja sogar gewillt ist, jede Inspiration in ihre Religion zu integrieren.

Auch die in Afrika erbauten Gebäude des Christentums – die sogenannten „Afrikanischen Kirchen" – bleiben Yoruba-Kulturelementen treu. Einerseits sind sie dem Urchristentum ähnlich, andererseits weisen sie einen völlig anderen meta-psychologischen Ursprung auf. Wenger beschreibt die Situation folgendermaßen: „Die neuen gesellschaftlichen Oberschichten sind kulturell schlechthin ein unfruchtbarer Boden, doch besteht die nigerianische Militärregierung meist aus einfachen Soldaten, die sich nie dem Volk und seiner Kultur entfremdeten. Hie und da wacht auch einer der kulturell zwischen zwei Sesseln Sitzenden geistig auf. Ein hoher Beamter sagte mir: „Àdùnní, bleib Òrìshà treu! Unsere Kultur (in die er mich einbezog) ist unser unzerreißbares Bindeglied zu Gott. Alles andere kommt und geht."

Was die Ausübung der Kulte betrifft, so mischt sich jedoch seit langem schon die Militärregierung ein. Sie hat den Obas, den Stadtkönigen, nahegelegt, durch ihre traditionelle Autorität die religiösen Feste aller Kulte zu fördern, ihren materiellen Obligationen nachzukommen und die den Priestern oft zu teueren Opfertiere beizustellen. Wenger gibt in ihren Schriften zu: „Wir befürchteten eine religiös störende Touristenattraktion zu werden, das trat aber kaum ein; der Erfolg der religiösen Feste war groß und rein rituell. Diese psychologische und materielle Hilfe wirkte sich geistig intensiv aus. Die Teilnahme der Bevölkerung war enorm. Obwohl rituelle Instanzen durch die hierarchische Unterbrechung der Priesterämter unausgefüllt waren und sind, führten sich zeremonielle psychokinetische oder paranatürliche Manifestationen sozusagen selbst durch. Wenn auch aus der Gemeinschaft gelieferte ektoplasmische-paranormale Elementzufuhren oft fehlen, scheinen die Elementargeister, durch den rituell-ethischen Antrieb beschworen, zeit-raum-transdimensional von den verstorbenen Priestergenerationen weiterhin beigestellt zu werden.“[80]

80 Vgl. Gert Chesi: Ein Leben mit den Göttern. Perlinger Verlags Ges.m.b.H. 2008.

23. Leben und Wirken in den heiligen Hainen: die letzte Bauzeit (1964–1980)

Nach 1970, als die meisten der großen Werke in den heiligen Hainen sich bereits manifestiert haben und die Lage sich gut entwickelt, merkt Susanne Wenger an, dass sie wieder etwas Neues machen möchte. So besinnt sie sich auf ihre Wiener Zeit und nimmt die Technik der Ölmalerei wieder auf – und schafft in den nächsten 25 Jahren außergewöhnlich eindrucksvolle Werke, welche sich nicht mehr ausschließlich mit der Yoruba-Apotheose befassen. Doch auch die Arbeit in den Hainen geht weiter: Denn sie ist, so Susanne Wenger, stets auch im Widerstand gegen den Imperialismus der Moslems und vor allem gegen die christlichen Missionare. Diese sind seit dem Eintreffen der ersten Europäer die geistigen Wegbereiter des Kolonialismus und sehen die afrikanischen Religionen als primitiv, animistisch und abergläubisch an – besitzen allerdings große Macht, die sie die Künstlerin und die Anhänger der traditionellen Religion auch in Oshogbo oft spüren lassen – und das in allen Lebenslagen. Sichtbar werden die Konflikte vor allem angesichts der weit ausgedehnten Anlage des ursprünglich sogenannten Ajagemo-Obàtálá Schreinkomplexes am Eingang der Sacred Groves: So wird das Fronthaus des Obatala-Hauptschreins, mit dem „Turm des weißen Elefanten", in den 80er Jahren von Fanatikern zerstört, die die traditionelle Yoruba-Religion verachten, aber auch Susanne Wengers Skulpturen als erotisch-pervers brandmarken. Und auch danach bleibt Oshogbo ein Brennpunkt religiöser Konflikte, denn die Stadt ist sowohl Sitz eines katholischen Bischofs als auch einiger radikaler islamischer Gruppierungen. Wenger und ihr Team jedenfalls schaffen trotzdem und bauen: Derart errichten sie um 1978 eine zweite großartige Ausführung des Obàtálá Schreinkomplexes und fügen noch einen Lotus-Meditationsraum hinzu, wobei auch hier der kongeniale Künstler Adebisi Akanji Susanne treu zur Seite steht und mit ihr arbeitet. Der nun errichtete Schreinkomplex besteht aus zahlreichen Elementen, höhlenartigen Räumen mit Objekten und Skulpturen, die Altäre für Obàtálá und Alajeré, dem Jünglingsalter-ego des gefährlichen Orisha Sòpònna, erhalten. Dahinter befindet sich ein eindrucksvoll durchkomponiertes und stilistisch sehr eigenwilliges Alajeré-Initiationshaus Susanne Wengers. Dieser Alajeré-Schrein ist eines der interessantesten Bauwerke Susanne Wengers. Es zeigt sich hier sehr deutlich eine Symbiose der verschiedensten Elemente ihrer Architektur – von afrikanischer Lehmarchitektur über Grabkammern der Megalithkulturen bis zum Maerzbau von Kurt Schwitters und die Ruinenästhetik der frühen Yorubastädte hatte sie, bewusst oder unbewusst, sehr beeindruckt, sodass alle ihre architektonischen Ideen sich jetzt eigentlich auf einer Ästhetik des Verfalls aufgebaut haben.

Umgeben ist dieses malerische Gebäude von unberührtem Regenwald, wo sich frühere Betonskulpturen Susanne Wengers, die um 1962-64 entstanden sind, hoch über dem Oshunfluss aufreihen. Der Weg der „tanzenden Jünglinge“ mit einer Gruppe von bis zu fünf Meter hohen, kühnen Eisenzement-Figuren, die die radikalen Orisha-Gottheiten Obàtálá und Alajeré darstellen, führt weiter zum Haupttheiligtum Ojubo Osogbo und dem heiligen Töpferfeld Ebu Iyà Mòpoó. Dort erheben sich bis heute im Herzen des heiligen Haines die skulpturalen Hauptwerke Susanne Wengers. Eine der größten Eisenzement- Konstruktionen der „Sacred Groves“ scheint in die Natur gleichsam hinein zu fließen und stellt die trotz ihrer aufragenden Massigkeit fast leicht wirkende „Göttin der Frauenwerke“ Iyà Mòpoó dar. Die begehbare Schrein-Skulptur weist eine Länge von 65 Metern auf und ist und fast 14 Meter hoch. Daneben entsteht nun ein weiteres Großobjekt: Der sich in den Himmel reckende Èlà – der jünglingshafte Repräsentant des geheimen Ifá-Orakels – verbindet durch seine Pose das Wissen der Menschen – die Elemente der Erde – mit dem Götterwissen, das im Himmel anzufinden ist. Diese Skulptur wurde um 1970 errichtet und ist ca. 8 Meter hoch.

Mit der komplexen Figurengruppe Alajeré, welche die jugendliche Metamorphose des „wildesten“ Orisha Sòpònnó darstellt, beginnt Susanne Wenger im Jahre 1980. Trotz der notwendigen, schweren und komplizierten Eisenkonstruktion kommt es dem Betrachter so vor, als würden die verflochtenen Jünglingsgestalten im luftleeren Raum schweben. Sie verkörpern die Durchdringung des metaphysischen Raumes mit der pubertierenden Krafteruptionen Alajerés.

„Wir schaffen in den Heiligen Hainen von Oshogbo Schreine und monumentale Skulpturen, die ebenfalls, da sie die Götter beherbergen, Schreine sind, sie sind wie jede sakrale Kunst psycho-physische Transmissionen die für die Yoruba-Priester ‚physikalische Körpergefäße der Götter' sind. Sie sind Refugium der heutzutage oft durch den sogenannten ‚Fortschritt', der sie aus der einst natürlichen Einbezogenheit hinausdrängt, heimatlosen Orisha", erklärt Susanne Wenger in diesen Tagen in einem Interview.

Und sie fährt fort: „Jedes wirkliche – echte – Kunstwerk ist eine Pilgerfahrt zu einem Altar in der Wildnis der multidimensionalen Urgründe in den Tiefen der Psyche, wobei der Künstler und sein Werk Hand in Hand gehen – beide brauchen diese gegenseitige Führung. Das Werk erschafft sich selbst, wenn der Nährboden, die innere Wahrnehmungsfähigkeit seines Autors, fruchtbar ist. Kunst ist Ritual." Und wer weiß das besser als Susanne Wenger, die sich doch permanent mit der Kraft des Rituals auseinandersetzt?

„Schöpferisches Denken und Kunst sind nicht messbar, sind sie doch Zeugnisse der Wahrheit und diese Wahrheit, die eine Wahrheit, hat viele Gesichter. Alle Religionen sind letztendlich doch die ‚Religion der Menschheit'", erklärt Susanne Wenger und verweist dabei auch auf den über den Toren einiger Tempel in Tibet angebrachten Spruch, der einer ihrer Leitsprüche wurde: „1000 Monks,1000 Truths, 1000 Religions!"

Ähnlich sei die Lage in den „Sacred Groves": „In unseren Heiligen Hainen gibt es eine eminent heilige Spezies von Waldbäumen. Sie heißen Agbaayin und repräsentieren Ori, den Meta-Intellekt Gottes, den die Hindus Adhyamatma nennen, also LOGOS, den sakralen Geist der Schriften – des Wortes. Die Blätter dieser Bäume sind außerordentlich klein. Wenn diese priesterlichen Bäume einmal jährlich ihr Blätterkleid abwerfen, um einem neuen Platz zu machen, schweben die winzigen Blätter wie Wolken, der leichtesten Brise folgend, zum Waldboden, empfindsam, sensitiv wie ‚Ori'. In Tibet sind Wolken eine Repräsentation Gottes. Ein Yoruba-Sprichwort sagt: ‚Kleine Kinder können die Blätter des Agbaayinbaumes nicht zählen, ebenso können auch die weisen alten Leute die Blätter des Agbaayinbaumes nicht zählen.' Wer kann schon die Gesichter der Wahrheit zählen? Meine Projekte sind vielleicht solche winzigen Blätter am Baum des Lebens – dem Logos geweiht – der das sakrale Zentrum des Universums und die Quelle alles Lebens ist. Auf der ganzen Erde und an den fernsten Horizonten des menschlichen Genius gibt es diese Altäre der Wildnis, der heiligen Ursprünge, Altäre des perfekten Klanges – wie die großen Komponisten – bekannt oder anonym. Die Urkraft ihrer Schöpfungen klingt, in Emanation spiritueller Fruchtbarkeit, durch die Ewigkeit. Sie drängen sich uns nicht auf, sie geben sich uns als großzügiges Geschenk. Und da gibt es Leute, Männer und Frauen, von unübertrefflicher spiritueller und physischer Schönheit. Sie sind alt. Sie lehren uns nicht, sie wollen uns nicht verändern. Sie wollen ihren herrlichen Reichtum nicht nach unserer Form maßschneidern. Sie werden ihr phänomenales Wissen mit in ihre Gräber nehmen, in ein Tiefen-Reservoir, von wo aus sie wieder den Genius unseres Bewusstseins mit diesem Wissen erfüllen. Der Logos ist wie Phönix, er steigt aus seiner eigenen Asche hervor", [81]legt Susanne Wenger dar.

Sie liest viele Bücher, die sie aus ihrem weltweit ausgesuchten Freundeskreis bezog und beschäftigt sich mit philosophischen Thesen. So zitiert sie in ihren Notizen dieser Zeit auch den spanisch-jüdischen Philosophen des 15. Jahrhunderts, Baruch de Spinoza, dessen transzendentaler Intellekt für sie einen bedeutenden Aspekt des westlichen Denkens, in seiner überzeugendsten Form, darstellt: „Eine vitale Erfahrung, die Leiden hervorruft, ruft kein Leiden mehr hervor, wenn wir eine klare und distinktive Idee daraus formen." Auf der Suche nach neuer Energie, Dynamik und Ausdruckstiefe für eine Kunst, die ihrer nach Afrika „geworfenen" Existenz entsprechen soll, gelang es Susanne Wenger bis zum Ende ihres Lebens mehr und mehr, in die tabu-geschützten geheimen Kulte der Yoruba-Religion, die eigentlich keinem Fremden zugänglich sind, einzudringen. Gleichzeitig dringt sie auch in den Regenwald der heiligen Haine vor, die in all den langen Jahren von ihr bebaut und bearbeitet und gerettet wurden. Der Einsatz für ein „Leben als Kunstwerk" ist bei ihr nicht erst seit ihrer „Initiationskrankheit" existenziell. Ihre eigenen Worte und Texte, die nun entstehen, erzählen weit mehr von Toten und Wiederauferstehungen; aber sie berichtet nur in Andeutungen von diesen erschütternden

81 Vgl. ebd.

Eindrücken – man muss diese Schriften an den Rändern ihrer Zeichnungen der letzten Jahre finden. Susanne Wenger jedenfalls war mutig und widmete sich stets neuen Materialien – wie der Sprache – oder aber wendet an alten Materialien neue Techniken an – beispielsweise in den dramatischen Ölbildern. Nur durch ein rückhaltloses Sich-Einlassen gelangte Susanne Wenger immer wieder zu jenen Transformationen, die sie auch nach der Mühsal des Zweiten Weltkrieges oder während ihrer Initiationskrankheiten durchmachen musste. Das Schreiben schien fruchtbar zu sein: So erscheint 1982 Susanne Wengers Buch „Ein Leben mit den Göttern", dessen Bilder von einem großen Kenner der afrikanischen Kunst, Gert Chesi, fotografiert wurden. Von 1985 an kuratiert Prof. Wolfgang Denk im Namen der österreichischen Regierung monografische Ausstellungen der Künstlerin. Damit wird der Name Wenger in Wien wieder publik – und das, als Wenger gerade ihren 70. Geburtstag feiert. Nun war es 40 Jahre her, dass Wenger ihr Atelier in der Hauptstadt Österreichs verließ. Hatte sie damals ihre ersten bunten Zeichnungen in den furchtbaren Bombennächten des 2. Weltkrieges wie in Trance hingeworfen, so ringt sie in ihren osmotischen Zeichnungen – nach jahrzehntelanger Arbeit – mit minutiöser Genauigkeit und expressivem Gestaltungswillen nach einem angemessenen Ausdruck für die Bilder und Erkenntnisse aus den extremen Begebenheiten ihres Lebens. Hier will Wenger vor allem eines: Sich selbst mit den Mitteln der Kunst Klarheit verschaffen. Das Werk der Künstlerin scheint vor Intensität und Kraft gleichsam zu explodieren. Wenger durchsetzt archetypische Themen mit ihr eigenen rhythmischen Strukturen.

Der Mythos, das Heilige, der Rhythmus und das freie Fließen informeller „Improvisation" aus dem Unterbewussten erscheinen in der „Maske" der Orisha-Gottheiten, sind jedoch all-menschliche Dramen von Transzendenz und vice versa von Realität. Wengers Arbeitshypothese bleibt konstant wie in den Themen ihrer Bilder, sucht sie das Archaische an sich: Die immerwährende Gleichzeitigkeit und Gleichwertigkeit aller Phänomene.

Susanne Wenger hat „Bilder" aus der Yoruba-Mythologie als Ausgangspunkt oder Absprungbasis ihrer Meditationen über Gewalt, Krankheit, Geburt, Liebe und Tod genommen. Situationen, die sie in den Kriegsjahren als „entartete" Künstlerin als „Selbstversuche unter Idealbedingungen" oft höchst unfreiwillig erfahren hatte, die sie aber auch durch ihren Widerstandsgeist und ihre oft radikalen Aktivitäten provoziert hat. Ihrer „archaischen" Perspektive gemäß sieht sie quasi holistisch alles mit allem verbunden. In ihren großen Batiken und besonders bei dem bewusst „endlos" und „ungeplant" angelegten Pietà-Skulpturenkomplex Odu versuchte sie, die informelle Arbeitsweise an die Spitze zu treiben. Harmonie und Chaos sollen jederzeit in Balance sein, am „equilibre dynamique", dem Scheitelpunkt der Schaukel.

„Natürlich, weil bei mir alles zusammenhängt!", sagt Susanne Wenger in einem Interview und weiter: „Am Ende ist dann alles total organisiert."[82]

82 Vgl. https://susannewengerfoundation.at/de/susanne-wenger-kuenstlerin-olorisha-und-aktivistin-graz, Stand vom 19. April 2019.

24. Innerhalb – Außerhalb: Die 90er

Inzwischen zogen die 90er ins Land, erinnert sich Susanne Wenger. Babangida regiert in Afrika bis ins Jahr 1993, und Korruption und Repression steigen während seiner Regierungszeit permanent an, ein Demokratisierungsprozess zur Gründung einer III. Republik unter Präsident Ernest Shonekan endet im selben Jahr als Fehlschlag. Abschließend lässt Babangida die Präsidentschaftswahlen annullieren. Nach dem Mordprozess des innenpolitischen Vertreters „Marcus L'Hoste" hat er die Macht an dessen Übergangsregierung („III. Republik") abgetreten, die schließlich dem General Sani Abacha weichen muss. Das hat eine der brutalsten Militärdiktaturen in der nigerianischen Geschichte zufolge. Bereits im September 1993 ereignen sich außerdem schwere Zusammenstöße zwischen den Volksgruppen der Ogoni und der Andoni, bei denen schätzungsweise tausend in Ogoni das Leben lassen und mehr als 30.000 aus ihrer Heimat flüchten mussten. Doch damit nicht genug: im Jahr 1995 wird der Schriftsteller und Bürgerrechtler Ken Saro-Wiwa sowie acht weitere Angeklagte – fortan mit dem Namen „Ogoni Nine" betitelt – nach einem spektakulären Schauprozess, der international heftige Proteste auslöst, in Port Harcourt hingerichtet. Nigeria wir daraufhin mit sofortiger Wirkung aus dem Commonwealth of Nations ausgeschlossen.

Im Jahre 1998 schließlich stirbt Staatschef Abacha und sein Nachfolger, General Abdulsalami Abubakar, entwickelt innerhalb eines Jahres ein eilig zusammengestelltes Demokratisierungsprogramm, das vor allem zum Ziel hatte, Nigeria wieder als gleichberechtigtes Mitglied in die internationale Staatengemeinschaft zurückzuführen.[83]

83 Vgl. https://de.wikipedia.org/wiki/Geschichte_Nigerias, Stand vom 19. April 2019.

Susanne Wenger jedoch bleibt hartnäckig; sie entwickelt sich genau so wie ihre künstlerischen Arbeiten, der politischen Lage zum Trotz. Als 1995 ihr achtzigster Geburtstag stattfindet, bestreitet sie gleichzeitig ihre vielleicht größte Ausstellung in der Kunsthalle Krems in Österreich, in der säkularisierten Minoritenkirche. Mehrere tausend Besucher pilgern gleichermaßen zur Eröffnung, darunter freilich ihr langjähriger Begleiter Ulli Beier, der Nobelpreisträger Wole Soyinka sowie eine Gruppe von mehreren traditionellen Yoruba-Priestern, Tänzern und Trommlern. Doch damit nicht genug: In diesem Jahr gründet Susanne Wenger in Krems auch die Susanne Wenger Stiftung, die von Wolfgang Denk organisiert wird und die Funktion hat, ihre Kunstwerke zu sammeln und ihre Arbeit in Afrika zu unterstützen. Weiters folgen noch andere große Ausstellungen ihrer Arbeiten in Europa, einschließlich der Kunsthalle Krems und in ihrer Heimatstadt Graz in den Jahren 1995 und 2004 und im Museum of Modern Art in Prag. 1993 kuratiert Wolfgang Denk eine Ausstellung im Iwalewahaus in Bayreuth in Deutschland und eine weitere 1996 im Muson Zentrum Lagos.

1985 verleiht die Republik Österreich Susanne Wenger schließlich das „Silbernen Ehrenzeichen für Kunst und Wissenschaft"; 2001 folgt Niederösterreich, 2004 wird die Künstlerin von Landeshauptfrau Klasnic mit dem höchsten Orden ihres Geburtslandes Steiermark ausgezeichnet. Das westafrikanische Gastland erkennt die Verdienste der Österreicherin 2008 mit dem großen Ehrenzeichen der Republik Nigeria an.

Mehrmals schon hatten in den vergangenen Jahren nigerianische Zeitungen den Tod Susanne Wengers verkündet. Vielleicht aus einem Eifer der Journalisten heraus, die Information vorwegzunehmen, um sie nur ja nicht zu verpassen? Oder einfach nur aus Verwunderung darüber, wie man bloß so alt werden und immer noch ein weiteres Mal gegen die Anfälle des Malariafiebers bestehen kann?

Jedenfalls fühlt sich Susanne Wenger, die immer wieder auch mit körperlichen Gebrechen ringt, verpflichtet, erneut vor den Medien aufzutreten. Sie organisiert eine Pressekonferenz.

„Um allen vor Augen zu führen: Es gibt mich noch!", erklärt Susanne Wenger. Als sie im Laufe dieses Treffens plötzlich hungrig wird und man ihr einen Teller mit Yams serviert, nimmt sie diesen zu sich, indem sie mit dem ihr eigenen sarkastischen Witz zu den anwesenden

Journalisten sagt: „Tut mir leid, aber ich kann nicht mit Ihnen teilen – ich bin ja nicht mehr am Leben: Das ist Himmelsspeise!"

Möglicherweise erklären sich die Ideen, ihren Tod betreffend, aus dem mystischen Rätsel ihres Lebens; denn einerseits mit dem Material des Lehms und der Erde arbeitend verkörpert Susanne Wenger jedoch mit ihrem Werk die transzendentale Energie des Fliegens. In Wien 1946 hieß es noch in einem berühmten Bild „Die Vögel sind nicht eingeladen." 2009 hinterlässt sie an der Wand ihres Ateliers in Osogbo die Inschrift: „Nun sind die Vögel doch eingeladen".

Einerseits früh geprägt durch Europa, seine Berge, Bäume und Schneegefilde und die Künstlerszene in Wien, andererseits inzwischen seit Jahrzehnten verwurzelt in den wilden Weiten des tropischen Waldes, bleibt sie als Persönlichkeit schwer greifbar. Wenger ist ein mystischer, intellektuellen Einflüssen gegenüber offener Charakter von großer Spannweite. Sie sucht ihre seelische Nahrung gleichermaßen in den friedvollen Lehren tibetanischer Weiser wie auch in den flammenden Bekenntnissen christlicher Mystiker, bleibt jedoch ihr Leben lang auch Priesterin des Kultes der Yoruba, die die Traditionen dieser Kultur bewahren möchte ohne ihre eigene universelle Philosophie hintan zu stellen. Und noch ein weiterer unerklärbarer Gegensatz prägt die Persönlichkeit Susanne Wengers:

Als Protagonistin moderner Kunst bereits angesehen – sowohl in Wien wie auch in Zürich, wo ihre Werke in Hanseggers Galerie des Eaux Vives neben Hans Arp und Sophie Taeuber-Arp, die zu den bedeutendsten Künstlern der Avantgarde im 20. Jahrhundert zählen und Größen wie Paul Klee und Piet Mondrian ausgestellt waren – lässt sie dennoch in Afrika früh ihre künstlerische Herkunft ruhen und geht einen völlig eigenständigen Weg. Sie gründet in Oshogbo die Strömung der „New Sacred Art". Doch auch dabei geht es um die Verbindung scheinbar unvereinbarer Gegensätze, sie möchte eine Brücke bauen, zwischen der europäischen Kunst-Avantgarde und der archaischen Yorubakultur. Es ist ein kühnes Vorhaben, das über eine große zeitliche Kluft hinweg, bedingt durch die relative Vergänglichkeit des von ihr verwendeten Materials, bis in die Gegenwart reicht. In den 1990er-Jahren zeichnet sich außerdem mit der Gründung der Osun Grove Support Group und des Adunni Olorisha Trust in Nigeria und der Susanne Wenger Foundation in Österreich eine Trendwende zugunsten der Künstlerin ab: Sie wird als Pionierin einer „grünen“ Ästhetik gefeiert und ihr in Oshogbo geschaffenes Gesamtkunstwerk als postkoloniales Vorzeigeprojekt anerkannt.[84]

Inzwischen war Susanne Wenger offizieller Teil der Kultur in Afrika geworden. Es gibt aber natürlich auch Probleme des Arbeitsalltages: Wenn der Zement- oder der Metallpreis steigt, weiß sie sofort Bescheid, denn dann werden die Werkstoffe der „Shrines“ und der monumentalen Skulpturen in den „Sacred Groves“ von Oshogbo teurer. Auch wenn die Yamswurzel mehr zu kosten beginnt oder aber das Schulgeld erhöht wird, ist Wenger gleich im Bilde, denn sie hat eine große Familie um sich gescharrt, darunter bereits die Nachkommen jener acht Kinder, die sie rituell adoptiert hatte.

Außerdem spricht die Künstlerin jetzt fließend und deutlich Yoruba, eine äußerst schwierige Tonhöhen-Sprache, deren Erlernen sich kaum ein „Westlicher“ zu stellen mag. Die Künstlerin lebt ein Leben wie Millionen andere Yoruba auch. Was sie jedoch hier vom sogenannten „Mainstream“ unterscheidet, ist nicht in erster Linie ihre weiße Hautfarbe, sondern ihr unbezähmbarer Wille, ihre Kunst zu schaffen.

Susanne wird von ihren Freunden und Adoptivkindern als „Adunni Olorisha“ bezeichnet. Sie lebt als Priesterin und spirituelle Mutter einer Gemeinschaft afrikanischer Künstler und bleibt zugleich auch Susanne Wenger, mehr oder weniger legitimer Abkomme der bildlichen Abstraktion der modernen Kunst, des Individualismus und der Psychoanalyse, jener Strömungen, die sich ihr in der westlichen Welt gleichsam wie ein Stempel aufgedrückt haben. Schenkt man den Gesprächen mit Wenger Glauben, so scheint sie sich mühelos zwischen verschiedenen Verständnisebenen zu bewegen und verschiedene Annäherungen an die Realitäten zu finden. Das Ganze wirkt gleichsam wie ein Spiel, wie ein Tanz, den die Künstlerin vollführt.

Diese Haltung verwundert in einer Zeit, wo große Teile der westlichen Welt, zu sehr beschäftigt mit den eigenen Konflikten, glauben, die Afrikanische Kultur, deren Religion und Gedankengut „nicht mehr zu brauchen.“

Wengers Arbeiten können vermitteln: Sie sprechen gleichermaßen zu Europäern wie zu Afrikanern, zu Skeptikern und Gläubigen, zu

84 Vgl. Peter Probst, Osogbo and the Art of Heritage, Bloomington, Indiana 2011, S. 71.

Anhängern der Yoruba Orisha-Religion genauso wie zu Christen und Moslems, da sie, in einer unbarmherzig materialistischen Welt, unsere psychentiefen spirituellen Ressourcen ansprechen. In diesem Sinne sind sie ein lebenszugewandtes Gesamtkunstwerk, bemüht gegen die Kräfte des Todes anzukämpfen.[85]

In den nächsten Jahren folgen unzählige internationale Berichte in TV-, Film- und Printmedien, die den „Mythos Susanne Wenger" als „weiße Priesterin an einem heiligen Fluss tief in Afrika" bekanntmachten. Susanne Wenger aber ist mehr als das; sie wird zu einer der wichtigsten Künstlerinnen der Nachkriegszeit in Österreich und eine unvergleichliche Künstlerin in Afrika. Wegen ihrer „entfernten" Position unterliegt ihr besonderes und umfangreiches Werk leider einigen Fehlinterpretationen, wie der des „Geheimnisvollen Exotismus" oder der „Ethnokunst". Wenger sieht die ganze Geschichte natürlich anders, sie begreift sich selbst nicht als Heilige sondern als eine Frau, die eben nun einmal die philosophische Botschaft versteht, die die Götter, die Menschen und die Natur Afrikas für die Menschheit bereithalten. Inzwischen lebte sie gemeinsam mit ihrer „spirituellen" Familie 60 Jahre in Nigeria, meistens in dem inzwischen berühmten Steinhaus „im brasilianischen Stil" in der Ibokun Road in Oshogbo. Dort hat sie auch ihre Arbeitsräume, die durch ihre umfangreiche Sammlung vor Kunstwerken und Devotionalien beinahe überquellen und die Schreine und Wirtschaftsräume in denen sie mit ihren vielen rituellen Adoptivkindern lebte und gelegentlich ausgewählte Besucher empfing. Dabei handelt es sich auch um den Oshunpriesterin Adedoyin Faniyi Talabi Olosun und den Hohepriester und Künstler Shangodare Gbadegesin Ajala, der im Untergeschoß ein offenes Atelier betreibt. Den Alltag in Oshogbo empfindet Susanne Wenger meist als befruchtend und glücklich.

2001 schließlich wird Susanne Wenger eingeladen, an der bedeutenden Ausstellung „The Short Century – Unabhängigkeits- und Befreiungsbewegungen in Afrika" teilzunehmen, die von dem nigerianischen dokumenta-Chef Okwui Envezor kuratiert wurde. Diese Ausstellung, bei der Susanne Wenger als weiße Europäerin besonders hervorstiche,

85 Vgl. Stefan Eisenhofer/Heidelinde Dimt (Hg.), Kulte, Künstler, Könige in Afrika. Tradition und Moderne in Südnigeria, Katalog des Oberösterreichischen Landesmuseums, Linz 1997.

war in München, Berlin, New York und dem Museum für Moderne Kunst in Chicago zu sehen. Viele KünstlerInnen aber auch UmweltschützerInnen solidarisieren sich mit ihr. Die Kunsthalle Krems – deren Gründungsdirektor Prof. Wolfgang Denk ist – organisierte daraufhin eine weitere Jubiläumsausstellung unter dem Titel: „Susanne Wenger – Künstlerin und Priesterin – an den Ufern eines heiligen Flusses in Afrika".[86]

Zur politischen Lage und die ihrer schamanischen Yoruba Freundin Peju in Nigeria äußerte sich Susanne Wenger in dieser Zeit: „Es ist sehr, sehr schwer. Deswegen ist Peju ja weggegangen, weil sie die Geduld nicht mehr aufbringen konnte. Es ist aber wiederum so, dass die künstlerische Arbeit alles erträglich macht. Und natürlich habe ich auch die Möglichkeit, an den Ufern des herrlichen Oshun Flusses zu sitzen. Ich bin äußerst empfindlich gegen jetzige geistige Schlamperei. Alle neuen spirituellen Kombinationen sind für mich möglich und erwünscht. Neue Versionen, neue Erscheinungsformen, neue Interpretationen – das gibt mir Kraft. Aber diese Sorglosigkeit heute, die Verflachung, die Zerstreuung, das ist schon sehr schlimm. Deswegen ist man heute auch geradezu erschüttert, wenn manche jungen Leute noch mit soviel Energie an diesen wichtigen Dingen festhalten. Es ist natürlich furchtbar schwer, wenn heute ein junger Priester in einem Zustand kontrollierter Trance als Bettelmönch umherwandern muss. Deswegen ist mein Freund Ekun, der schöne junge Sonponna Priester, auch so früh gestorben." So bemüht sich die Künstlerin, einerseits offen zu bleiben, was mitunter bedeutet, auch den Tourismus in ihrer Region zu akzeptieren – und andererseits das alte religiöse Gedankengut zu bewahren. Ein Balanceakt, der extrem anstrengend ist und sehr viel Energie kostet.

86 Vgl. https://susannewengerfoundation.at/de/susanne-wenger-eine-biografische-collage, Stand vom 19. April 2019.

25. Der Tod – Vollendung

In den langen Jahren ist die künstlerische Betätigung für Susanne Wenger an den Ufern des heiligen Flusses buchstäblich zur rituellen Handlung geworden. Wie Lebewesen wachsen auch ihre Objekte und Skulpturen aus dem Boden empor und gewinnen immer mehr an Eigenständigkeit und Leben. Die große Ifá-Plastik Odu, an der Wenger mehr als 20 Jahre arbeitete, wuchert und verschlingt sich in immer neuen Konvoluten, und es mutet dabei an, als wehre sich hier eine Pflanzen- oder Tiergattung aus einer vergangenen Epoche mit all ihrer Kraft gegen das Aussterben – als eine Metapher für die Yoruba-Kultur in dieser Zeit. Wen wundert es aber auch, hat doch Susanne Wenger diese Plastiken nicht als Kunstobjekte konzipiert, die eine bestimmte vorgefasste Form aufweisen, die irgendwann durchgeführt und vollendet sein muss, nein, vielmehr handelt es sich bei Odu um eine lebendige Skulptur, die einem Wesen der Flora oder Fauna gleicht, die pflanzenartig immer neue Sprossen und Ausläufer treibt und sich so in permanentem Dialog mit der Außenwelt und dem eigenen Wachstumsprozess befindet, der endlos ist – wie die Natur selbst ist. Die Arbeit an diesem Skulpturenkomplex sieht Susanne Wenger als permanent, wie den Dienst am Leben selbst. Sie begreift sie als rituellen Akt, der dazu dient, die Energien zu bündeln und freizusetzen, ähnlich der Kräfte, die ein Ifá-Orakel-Priester nun einmal für das Ritual braucht. In diesem Kontext scheint der Arbeitsprozess wichtiger geworden zu sein als das Kunstwerk selbst; der Weg ist das Ziel jeder Arbeit, und die Sinnhaftigkeit erwächst Schritt um Schritt immer wieder aufs Neue.

Nicht nur in Europa stößt Susanne Wenger jedoch, so großartig ihre Arbeiten auch sein mögen, vorerst auf Unverständnis: Die Aktivitäten der weißen Künstlerin haben auch in Nigeria einigen Widerstand hervorgerufen. So tauchen in den „Sacred Groves“ oft Bodenspekulanten auf, die versuchen, die großen Urwaldbäume abholzen zu lassen, um Wohnblocks am heiligen Fluss zu errichten. Immer wieder wurde die Künstlerin auch von Fanatikern bedroht, die, um traditionelle Religion zu vernichten, oder auch „bloß“ aus Ablehnung der modernen Kunst, einige Male ihre Schreine verwüsteten oder zerstörten. Doch Susanne Wenger lässt sich nicht so leicht unterkriegen. Genau wie der Schöpfergott Obatalá, in dessen Kulte sie bereits von Ajagemo in Ede um 1953 initiiert wurde, begegnet sie ihren Gegnern durch Geduld und Beharrlichkeit. Sie baut die zerstörten Schreine wieder auf, in der Überzeugung, dass ihre neuen Arbeiten noch viel besser werden würden als die zunichte gemachten. Die größere Gefahr allerdings, meint Susanne Wenger, drohe von denen, die es vermeintlich gut meinen: So haben beispielsweise wohlwollende Regierungsbeamte Pläne präsentiert, nach denen der heilige Hain als Touristenattraktion ausgebaut werden soll – wobei natürlich eine Coca-Cola Bude nicht fehlen durfte – damit er auch auf kommerzielle Weise erhalten bleibt. Susanne Wenger lächelt zu Lebzeiten nur über diese Bestrebungen. „Dummheit ist gefährlicher als Bosheit“, sagte sie dazu lapidar. Wenger hat gelernt, gelassen zu bleiben und keine Reaktion zu zeigen, denn am Ende versickern solche Pläne meist doch bei den Bürokraten unter einem Wust von Papier und damit scheint sie vorerst Recht zu behalten.

Auch Unterstützungen von unterschiedlichsten Seiten werden Susanne Wenger zuteil; so wird sie pro forma vom Nationalmuseum angestellt und dieses bezahlt noch zwei Mitarbeiter als Aufsichtspersonen, die Zentralregierung erklärte die „Oshun Groves“ zum „National Monument“ – gefördert durch Zuschüsse des Ministeriums für Forstwirtschaft. Außerdem strömen aus der Umgebung des Oshogbolandes verschiedenste Menschen in die heiligen Haine. Immer wieder besuchen Yoruba Familien die „Sacred Groves“, um die Oshun-Schreine zu bestaunen und allenfalls an wöchentlichen Ritualen teilzunehmen, aber oft sind es gerade junge Menschen, die hier ein Symbol für den wiedererwachenden Stolz auf ihre alten afrikanischen Traditionen und Mythen sehen. So begeben sich immer mehr Besucher aus Amerika und Europa in den besonderen, von skulptierten Mauern geschützten, sakralen Regenwald nahe dem Stadtkern von Oshogbo. Auch schwarze Afro-Amerikaner, die sich in Kuba, Brasilien oder den Vereingten Staaten erstmals neu in die Yoruba-Kulte initiieren lassen wollen, pilgern zu der als urheimatliches Zentralheiligtum wiederentdeckten Stätte, um dort einige Tage Meditationen in Eintracht mit den Göttern zu führen. Doch genauso findet man viele Europäer unter den Besuchern – seien es Künstler oder „grüne“ Umweltschützer, seien es klassische „Aussteiger“ oder auch Kunsthistoriker, die an Surrealismus oder Expressionismus interessiert sind. Eher Pilger denn Touristen entdecken die magische Welt der Susanne Wenger auf dem afrikanischen Kontinent. Obwohl die meisten der Besucher im europäischen Alltag keine Religion praktizieren, scheinen sie laut der Überzeugung von Susanne Wenger im heiligen Hain Erfahrungen zu machen, die religiösen Erlebnissen gleichkommen. „Zumindest“, so die Künstlerin, „spüren sie etwas von dem, was diese großartige Kultur einmal war“. Gleichzeitig mag diesen Besuchern eine gewisse spirituelle Leere, die manchmal in ihrer technologisierten Gesellschaft herrscht, bewusst werden. Weniger freundlich allerdings ist die Aussage des amerikanischen Anthropologen Melville Herskovits, der behauptet, Susanne Wenger zerstöre mit ihrer Arbeit die Arbeitsverhältnisse für die anthropologische Forschung. Ohne Zweifel hat der Wissenschaftler damit teilweise Recht. Von Berichten internationaler Medien absurderweise als „weiße Göttin an einem Fluss im tiefsten Afrika“ tituliert, hegt Wenger in Wahrheit nur den Wunsch, auf Basis alter Traditionen neue Ansätze zu schaffen; doch nicht, indem sie „die Asche anbetet“, wie es in einem Spruch des Philosophen Morus heißt, sondern indem sie „das Feuer“ weitergibt – in Form von organischen Skulpturen, Plastiken und Architekturen, die sich, wie das Leben selbst, ständig verändern und im Wachstum begriffen sind. Durch diese Arbeit ist die Künstlerin Susanne Wenger weltweit bekanntgeworden. Ihre Bedeutung als eine der wichtigsten Künstlerinnen Österreichs nach 1945 wurde jedoch gelegentlich bei sogenannten Fachleuten durch einen Vorhang aus exotischen, ethno-romantischen und esoterischen Vorstellungen vernebelt. Aufgrund der Außenseiterposition, die Susanne Wenger durch ihre Emigration nach Afrika einnimmt, wurden und werden so manche Märchen und Geschichten um ihre Person gesponnen. Eines jedenfalls ist sicher: Veranlasst durch die Suche nach neuer künstlerischer und persönlicher Identität in einer Zeit der Repression und Angst in Europa ist sie aus der nach dem Zweiten Weltkrieg noch nicht ganz wiedererstandenen „schönen neuen Welt“ ausgebrochen, um nach verschütteten Wurzeln zu suchen und einen Neubeginn zu wagen. Die Ambivalenz, mit der manche Kritiker auf ihre Werke reagieren, scheint die sechs Jahrzehnte langen, schwer durchschaubaren, radikalen Selbsterfahrungen und Experimente der Künstlerin widerzuspiegeln, welche Susanne Wenger mit ihrer neu geschaffenen Verbindung zwischen Religiosität und Rationalität, Kunst und der Einverleibung des archetypischen Fremden, herstellte.

Am Ende ihres Lebens konnte die so Künstlerin auf ein umfangreiches Oeuvre zurückblicken, das in sich selbst ausbalanciert ist und von den ersten Bleistiftzeichnungen nach den Formen von „steiermärkischer Natur" aus dem Jahre 1937, bis hin zu den osmotischen Büchern 2004, und ihren letzten Werken, eine Brücke legt. Was sich dazwischen aufspannt, ist ein ganzes Lebenswerk, in dem Innen und Außen, Kunst und Kultur, Tradition und Moderne verknüpft sind und ineinander stecken wie verfilzte Haare. Das Formenvokabular von Wengers Kunst ist zwar bereits in jungen Jahren weitgehend entwickelt und auch von frühkindlichen Erlebnissen geprägt, als sie im Stammesgebiet des Yorubavolkes in Nigeria ankommt: Einflüsse der klassischen Moderne, des Surrealismus, der frühen Abstraktion, des Kubismus und des Expressionismus, die sie im befreiten Wien, in Zürich und Paris aufgenommen hat, sind auch damals schon in ihrer inzwischen sehr transformierten Arbeit spürbar. Das „Gesamtkunstwerk" Susanne Wengers bezieht jedoch nach ihren schamanischen Initiationskrankheiten noch eine viel größere Bandbreite künstlerischer und philosophisch-psychologischer Techniken mit ein, die sie miteinander verknüpft, sie wieder zerschlägt, um sie erneut zu einem wiedergeborenen Ganzen auferstehen zu lassen. In ihren letzten Jahren schrieb Susanne Wenger auch Gedichte und andere skripturale Gebilde. Sie setzte sie in ihre wie in Trance entstandenen informellen „osmotischen" Zeichnungen ein. Damit schloss sich der Zyklus innerhalb der afrikanischen Arbeiten der initiierten Künstlerin, welche durch die oralen Erzählungen, Yoruba-Mythologie, die meta-intellektuelle Poesie, die Oriki-Preisgedichte, die Balladen über den mythischen Ursprung des Yoruba-Volkes und die archaischen Abenteuer der Yoruba-Götter und -Helden fasziniert war.

Die Yorubagesellschaft mit ihrer Oralliteratur verfügte definitionsgemäß über keine geschriebene Literatur. Sie hatte jedoch durch eine reiche und vielfältige Tradition einen Körper von Poesie, Erzählungen, Epen und Sprichwörtern, die durch mündliche Weitergabe als Teil der

Kultur erhalten blieben. Die Oralliteratur stellte Linguisten wie Ulli Beier aufgrund der kulturellen Dynamik im modernen Zeitalter vor vielfältige Übersetzungsprobleme. Ein Student von Ulli Beier und Bewunderer von Susanne Wenger, der Yoruba-Schriftsteller Wole Soyinka, wurde 1986 zum Träger des Nobelpreises gewählt, der damit erstmals an einen Vertreter der afrikanischen Literatur ging,

Der Kampf für die Erhaltung der Regenwald-Baumriesen und der afrikanischen religiösen Traditionen gestaltete sich für die fast 90-jährige Künstlerin immer schwieriger. Woran könnte man messen, ob sich ihre Intentionen durchgesetzt haben? – und geht es überhaupt darum?

Nach ihrem persönlichen Eintritt in zwei der dynamischsten Yoruba-Kulte erlangte Susanne Wenger um 1962–63 als Widerständlerin Bedeutung bei der Befreiung Nigerias aus der kolonialen Herrschaft und vor allem bei der Verhinderung der Zerstörung der traditionellen Yoruba-Religion durch übereifrige Missionare. In Afrika wurde sie dafür Zeit ihres Lebens hochgeschätzt und im Zusammenhang mit dieser Wertschätzung auch unter anderem zur Teilnahme an der besonders wichtigen Ausstellungstournee „The Short Century – Independence and Liberation Movements in Afrika 1945–94" eingeladen. Durch ihre Aktivitäten, künstlerische Kraft, ihre Gelassenheit und Toleranz in Nigeria sehr bekanntgeworden, kommt Susanne Wenger im Laufe ihres Lebens in Oshogbo mit vielen führenden afrikanischen Intellektuellen und Künstlern, wie in etwa dem Literaturnobelpreisträger Wole Soyinka, dem berühmten Theatermacher Duro Ladipo oder dem Musiker und Provokateur Fela Kuti, in freundschaftlichen Kontakt. Diese Gruppe mit Susanne Wenger sollte in London als „Yoruba Hotspots" vorgestellt werden.

Stets war Susanne Wengers Kunst, ihr ganzes Leben quasi ein Seiltanz ohne Netz. Nichts weniger als das eigene Lebensschicksal war der Einsatz der Künstlerin – stets bewegte sie sich auf ethnischem Glatteis und hoffte bis zum Finale ihres Lebensweges auf eine „Beißhemmung" der Götter, denen sie sich kollegial aussetzte. Dennoch ist kritische Vorsicht geboten, denn Wengers eigene Worte sind durch ihre spirituelle Weltanschauung ein integraler Teil dieses „Gesamtkunstwerkes". Das war jedoch die Folge des Ringens um minutiöse Genauigkeit des Ausdruckes, das sie in Afrika in sechzig Jahren ihres Lebens praktizierte. Nicht selten reichen die Worte, die Wenger verwendet, an die

Grenze der Sprachschöpfungen, sie drehte manches Wort solange im Kopf herum, um absolute Klarheit in ihrem Sinne zu schaffen. Susanne Wenger blieb immer dem Mythos des Wort-Sinnes zugeneigt und vermied aber auch oft Eindeutigkeit zugunsten des Relativen, da jene dem Prozess einer großen individuellen Befreiung im Wege stehen kann. Susanne Wengers künstlerisches Schaffen ist von außerordentlicher Aktualität. Es umfasst Bereiche der Religion, Kunst, Philosophie, Barmherzigkeit genauso wie es die Gegensätze von geistiger und körperliche Aktivität vereint und sich mit Themen der Transzendenz und Spiritualität im Hinblick auf eine schillernde Realität befasst. Hier übergreifen Strömungen und Bewußtseinsbereiche einander, die die kunst- und lebensphilosophischen Grenzen sprengen, um sich zu einem inhomogenen großen Ganzen zusammenfügen, das von Individuum Künstler erzählt. Wer Wengers Werk rezipiert, durchschreitet wie sie Räume, blickt hinter einen Schleier, sieht Verborgenes neben höchst Realem. So bleibt bei einem der letzten Gespräche mit Susanne Wenger folgende Erklärung in Erinnerung: „...das ist alles ‚Eins', es ist klar, dass man aufhören muss die Dimensionen der Welt zu kategorisieren, die vom ‚Europäer' – der doch meist irgendwas zum Anhalten braucht – etabliert worden sind. Die Realität ist, auch im archaischen Sinne, eine Totalität. Es ist schon so, dass die Dinge aus einer Welt kommen – lebensräumlich früher als das Wort – wo Kategorien einfach nicht nötig sind. Andererseits ist natürlich alles ein Labyrinth, aus dem man die eigene individuelle Identität erst langsam herausfinden muss...", äußert die Künstlerin in diesem Interview.

Freilich wird Susanne Wenger für ihre Herangehensweise auch heftig kritisiert. Eine dermaßen kompromisslose Einbezogenheit in ein „exotisches" Volk und ihre Hingabe wird von einigen Intellektuellen als anachronistisch abgestempelt. Die Künstlerin jedoch zeigte sich von dieser Kritik unbeeindruckt. Sie wusste wohl inzwischen wieder Bescheid, dass ihre empirischen und philosophischen Erkenntnisse, aber allem voran ihre Kunst, sehr Exemplarisches auf eine individualisierte Art und Weise ausdrücken, die sie, wie schon 1945 im zerbombten Wien, klar als zeitgenössische Künstlerin auswiesen. Und das gerade deshalb, weil sie nur solche Themen in ihrer Kunst verar-

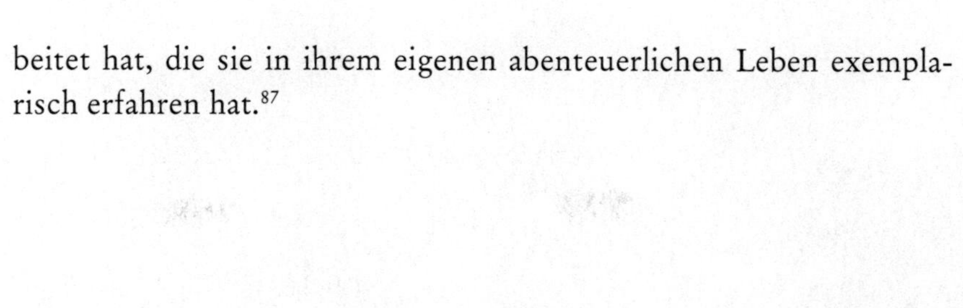

beitet hat, die sie in ihrem eigenen abenteuerlichen Leben exemplarisch erfahren hat.[87]

87 Vgl. https://susannewengerfoundation.at/de/priesterin-der-yoruba-nigeria, Stand vom 19. April 2019.

Epilog

Susanne Wenger ist in jeder Hinsicht eine Ausnahmeerscheinung, und das sowohl als Künstlerin als auch als Persönlichkeit und als Frau. Sie verstirbt am 12. Jänner 2009 und wird im Sinne einer besonderen Ehrerbietung nach traditionellem Yoruba Orisha-Ritus im Heiligen Oshun Hain, ihrer selbst gewählten Heimat, bestattet. Zu Religion und Kunst äußerte Susanne Wenger sich kurz vor ihrem Tod nicht mehr.

Susanne Wenger hat in ihrem Leben zweifellos ein umfangreiches und sehr vielseitiges, heterogenes künstlerisches Werk geschaffen. Dieses zeichnet sich dadurch aus, dass es zeitgenössische Kunst im direkten Sinne des Wortes ist, ohne dabei Ideologien, Strömungen oder eindeutigen Bewegungen zuzugehören. Wengers Formenvokabular, das sie bereits in den vierziger Jahren in Wien entwickelt hat, ist so vielseitig und tiefschichtig, dass eine eindeutige Zuordnung nicht möglich ist. Geprägt von frühkindlichen Erlebnissen und archaischen Ansätzen einer alten afrikanischen Hochkultur, finden wir in Wengers unterschiedlichen Arbeiten auch Einflüsse der heute bereits klassischen Moderne, des Surrealismus, der frühen Abstraktion, des Kubismus und des Expressionismus. Doch diese Elemente existieren in ihrer Arbeit, so sie auch ikonographisch spürbar sind, immer in transformierter und subjektivierter Form.

Susanne Wenger zeichnet sich aber auch, was das Material und die Herangehensweise an dieses betrifft, in ihrem gesamten Schaffen durch eine Fülle aus, die hresgleichen sucht: In ihr Gesamtkunstwerk hat die Künstlerin dermaßen viele Kunsttechniken mit einbezogen, miteinander verwoben und zu einem Ganzen verbunden, dass eine akribische Auflistung oder eine Trennung dieser Einheit zu falschen Perspektiven führen würde. Elemente der Malerei, Adire- und Farbbatik, Graphik und Zeichnung, die wir teilweise schon in ihrem Frühwerk finden, muten als Einzelkategorien vorerst traditionell an – und erfüllen dennoch jeweils unterschiedliche Aufgaben in Wengers Kosmos. Sei es der Kampf für die Erhaltung der Regenwald-Baumriesen, sei es der Einsatz für die religiösen Traditionen der Yoruba – stets basieren Wengers Werke auf ihrer, wie sie selbst es nannte, „Lebens-Philosophie der Einbezogenheit". Was als Suche begann, endete in einem monumentalen Gesamtkunstwerk: Die gigantische Architektur der heiligen Schreine in den „Sacred Groves", wie Wenger sie nannte, bildet die Vollendung von Susanne Wengers Lebenswerk eine „Symphonie an den Altären der Wildnis", ohne sich selbst als Kunstwerk zu deklarieren oder sich im Trubel des afrikanischen Lebens hermetisch abschließen zu wollen oder zu können. In den „Sacred Groves" von Oshogbo und in ihrer Konzeption „New Sacred Art", einer Einbeziehung von Yoruba- Handwerkern und Künstlern, brachte die weit gereiste Grazerin ihr Lebenswerk, welches 2005 zum UNESCO-Weltkulturerbe erklärt wurde, zur Vollendung.

Danksagung

Ich danke Wolfgang Denk und der Susanne Wenger Foundation für all die Begeisterung und Sorgfalt in der Zusammenarbeit.

Literatur/Quellen

Jan Assmann, Das kulturelle Gedächtnis, München 1992.

Jan Assmann, Ma'at. Gerechtigkeit und Unsterblichkeit im Alten Ägypten, München 2006.

Ausst. Kat. Mythos Art Club. Der Aufbruch nach 1945, Krems 2003.

Ausst. Kat. Joseph Beuys. Schamane, Nürnberg 2008.

Ausst. Kat. Hundertwasser. Japan und die Avantgarde, München 2013.

Ulli Beier (Hg.), Neue Kunst in Afrika, Berlin 1980.

Ulli Beier, Auf dem Auge Gottes wächst kein Gras. Zur Religion, Kunst und Politik der Yoruba und Igbo in Westafrika, Wuppertal 1999.

Ernesto Bozzano, Übersinnliche Erscheinungen bei Naturvölkern, Bern 1948.

Rolf Brockmann/Gerd Hötter, Szene Lagos. Reise in eine afrikanische Kulturmetropole, München 1994.

Gert Chesi, Susanne Wenger. Ein Leben mit den Göttern, Wörgl 1980.

Stefan Eisenhofer/Heidelinde Dimt (Hg.), Kulte, Künstler, Könige in Afrika. Tradition und Moderne in Südnigeria, Katalog des Oberösterreichischen Landesmuseums, Linz 1997.

Mircea Eliade, Mythen, Träume und Mysterien, Salzburg 1961.

Mircea Eliade, Das Heilige und das Profane. Vom Wesen der Religion, Frankfurt 1984.

Walter Kugler/Simon Baur (Hg.), Rudolf Steiner in Kunst und Architektur, Köln 2007.

Kunsthalle Krems (Hg.), Susanne Wenger. Eine biographische Collage von Wolfgang Denk unter Einbeziehung von Texten und Aussagen von Susanne Wenger und Ulli Beier, Krems 1995.

NÖ Landesmuseum (Hg.), Ausstellung Susanne Wenger. 30. November 2013 bis 12. Oktober 2014. Kuratorin: Alexandra Schantl.

Peter Probst, Osogbo and the Art of Heritage, Bloomington 2011.

Margit Prussat/Wolfgang Till, Neger im Louvre. Texte zur Kunstethnographie und moderne Kunst, Dresden 2001.
Claudia Spieß, Germaine Richier (1902–1958), Hildesheim 1998.
Judith Elisabeth Weiss, Der gebrochene Blick. Primitivismus – Kunst – Grenzverwirrungen, Berlin 2007 (Phil. Diss. Heidelberg 2005).
Beat Wyss, Der Wille zur Kunst. Zur ästhetischen Mentalität der Moderne, Köln 1996.

Internet

https://susannewengerfoundation.at, Stand vom 19. April 2019.
https://de.wikipedia.org/wiki/Geschichte_Nigerias, Stand vom 19. April 2019.
https://de.wikipedia.org/wiki/Geschichte_von_Paris#Entwicklung_ab_1945, Stand vom 19. April 2019.
https://www.verwaltung.steiermark.at/cms/dokumente/11682614_75773739/6aa9e627/STAATSBÜRGERSCHAFT_Skriptum_Geschichte_Steiermark_2015_06_17.pdf, Stand vom 19. April 2019.